"十二五"职业教育国家规划教材配套教学

# 物流信息技术应用

## Wuliu Xinxi Jishu Yingyong

### （第三版）

蓝仁昌　编著

高等教育出版社·北京

内容简介

　　本书是在前两版的基础上，吸收广大使用者的意见和建议，依据中职生的实际情况修订而成的。

　　本书主要内容包括：物流信息技术概述、条码技术、无线射频识别技术、EDI 技术、全球卫星导航系统与 GIS 技术、云计算与大数据技术、物流信息系统。

　　为了更好地助教助学，本书配有二维码教学资源、Abook 教学资源。

　　本书是中等职业学校物流服务与管理专业教材，也可作为其他相关专业的教材，还可供从事相关工作的人员参考使用。

**图书在版编目（CIP）数据**

　　物流信息技术应用 / 蓝仁昌编著. -- 3 版. -- 北京：高等教育出版社，2021.2（2023.2 重印）
　　ISBN 978 - 7 - 04 - 055569 - 1

　　Ⅰ.①物…　Ⅱ.①蓝…　Ⅲ.①物流-信息技术-中等专业学校-教材　Ⅳ.①F253.9

　　中国版本图书馆 CIP 数据核字（2021）第 023955 号

| | | | | | | | |
|---|---|---|---|---|---|---|---|
| 策划编辑 | 黄　静 | 责任编辑 | 黄　静 | 封面设计 | 杨立新 | 版式设计 | 于　婕 |
| 插图绘制 | 邓　超 | 责任校对 | 窦丽娜 | 责任印制 | 存　怡 | | |

| | | | |
|---|---|---|---|
| 出版发行 | 高等教育出版社 | 网　址 | http://www.hep.edu.cn |
| 社　址 | 北京市西城区德外大街 4 号 | | http://www.hep.com.cn |
| 邮政编码 | 100120 | 网上订购 | http://www.hepmall.com.cn |
| 印　刷 | 三河市潮河印业有限公司 | | http://www.hepmall.com |
| 开　本 | 787mm×1092mm　1/16 | | http://www.hepmall.cn |
| 印　张 | 9.75 | 版　次 | 2005 年 8 月第 1 版 |
| 字　数 | 180 千字 | | 2023 年 2 月第 3 版 |
| 购书热线 | 010 - 58581118 | 印　次 | 2023 年 2 月第 2 次印刷 |
| 咨询电话 | 400 - 810 - 0598 | 定　价 | 21.80 元 |

本书如有缺页、倒页、脱页等质量问题，请到所购图书销售部门联系调换
版权所有　侵权必究
物料号　55569 - A0

# 本书配套的数字化资源获取与使用

### 二维码教学资源

本书配有教学视频等资源,在书中以二维码形式呈现。扫描书中的二维码进行查看,随时随地获取学习内容,享受立体化阅读体验。

打开书中附二维码的页面　　　扫描二维码　　　查看相应资源

**Abook** 教学资源

本书配套 PPT、授课教案等教学资源,请登录高等教育出版社 Abook 网站 http://abook.hep.com.cn/sve 获取。详细使用方法见本书"郑重声明"页。

注册　　　　登录　　　　绑定课程

访问网站http://abook.hep.com.cn/sve 　需匹配用户名、　　输入教材封底所附学习卡
自行设定用户名、密码,留下常用邮箱　密码、验证码　　　上的密码,免费获取资源

Abook App

扫码下载 App

# 第三版前言

　　本书自第一版出版发行以来，受到了广大师生的好评，同时也收到了同行和老师们提出的宝贵意见。为了贯彻《国家职业教育改革实施方案》的有关精神，更好地服务于读者，使得更多的人能够更轻松地掌握物流信息技术，编者对本书进行了修订。本次修订对全书重新做了校订，充分吸收了同行和老师们提出的宝贵意见。

　　本次修订主要进行了以下几点修改和补充：

　　1. 物流信息技术发展日新月异，第二版关于发展趋势的描述已不太适合，故重新梳理了第 1 章中关于物流信息技术发展趋势的描述。

　　2. 北斗三号全球卫星导航系统于 2020 年 7 月 31 日正式开通，全球过半国家已使用北斗卫星导航系统。第 5 章"GPS 与 GIS 技术"更名为"全球卫星导航系统与 GIS 技术"，并增加了北斗卫星导航系统的内容。

　　3. 根据当前大数据和智能物流的发展，在第二篇增加了"云计算与大数据技术"章节内容，在第 7 章"物流信息系统"增加了自动化仓储管理系统和智能化仓储管理系统的内容。

　　4. 对教材中过时的情况介绍、案例、数据进行了修改和替换，选取近两年的最新情况、案例和数据。

　　希望本书能有助于培养适应经济社会发展需要的、素质全面的现代物流人才。

　　本书在编写过程中，参考了一些著作和文献，在此对其作者表达诚挚的谢意。还要感谢众多业内人士以及专家提出的宝贵建议。最后在本书出版之际，再一次向在本书成书过程中给予帮助的各位人士和团体致以衷心的谢意！

编　者

2020 年 11 月

# 第一版前言

　　物流的灵魂是信息已得到我国工商企业、物流企业的广泛认同,各类企业呈现出开发物流信息平台、应用综合性或专业化物流管理信息系统的态势。物流信息化受到普遍重视将成为我国物流市场的趋势。物流信息技术是物流现代化极为重要的领域之一,也是物流现代化的重要标志。随着现代电子商务的发展,物流自动化、信息化将走向更高层次的应用。物流信息系统是通过对与企业物流相关的信息进行加工处理来实现对物流的有效控制和管理,并为物流管理人员及其他企业管理人员提供战略及运作决策支持的人机系统,是提高物流运作效率、降低物流总成本的重要基础设施。随着市场经济的发展,物流的作用越来越重要,对物流信息化的要求越来越高。本书就是为了满足社会需求,为了培养既掌握物流信息技术的基本知识,又具有解决实际问题能力的物流人才而编写的。

　　本书分为4篇9章。第一篇即第1章,是对现代物流信息技术的全面概要介绍,也是整个教材各章内容的概括说明。第二篇,包括第2~5章,主要对物流中应用到的各种信息技术的相关知识及其在物流中的应用进行详细介绍,其中:第2章主要介绍条形码的种类、原理及应用;第3章主要介绍无线射频识别技术的原理及应用;第4章主要介绍电子数据交换技术的原理及应用;第5章主要介绍全球定位系统和地理信息系统的原理及应用。第三篇包括第6、7章,主要介绍各种物流系统及与物流相关的信息系统的功能及应用,其中:第6章主要介绍仓储管理系统、运输管理系统的原理及其结构,比较分析它们在不同类型物流企业中的不同特点,并用实际案例帮助学生深入理解,同时还介绍物流辅助系统(包括无线射频信息系统及电子标签辅助拣货系统)的作用及其应用,用实例详细说明它们在物流作业过程中所起的作用;第7章主要介绍MRP、ERP等与物流相关的信息系统的作用、功能架构及应用。第四篇包括第8、9章,主要介绍电子商务的基本知识,分析电子商务与物流的关系,介绍电子商务在物流企业中的重要性及其应用,其中:第8章主要介绍与电子商务相关的基本知识,并详细分析电子商务与物流两者的相互关系;第9章主要讲述电子商务对物流企业的重要性及其前景,分析了物流企业在电子商务环境下的发展趋势,并举例说明了电子商务在物流企业中的应用。书后附有多个物流案例,供学生课后参考阅读,帮助学生进一步理解物流信息技术的实际应用。

作为教材,我们力求使本书做到:适合学生学习的需要;方便学生的学习;有利于学生理解和掌握所学的知识。因此,本书在内容结构上力争做到结构清晰、概念和理论分析到位;每章基本上都有案例研究或者应用研究,帮助学习理解;每章末都有思考题,帮助回顾学习内容;每一章的内容尽量简洁、明确,使学生容易看懂,并配以大量生动写实的图片进行说明,让学生对书中的内容有非常直观的认识。

本书由蓝仁昌任主编,苗岩、严庆强参与了本书的编写工作;由陆承志、陈春益主审。

本书的编写工作得到环众物流咨询和软件开发公司的大力支持,在本书出版之际,谨致以衷心的谢意。

由于编者水平有限,难免有错误和不足之处,恳请使用本书的各界人士不吝指正。

编　者

2005 年 4 月

# 目　录

# 第三篇　系　统　篇

# 第一篇

## 概 述 篇

# 第1章 物流信息技术概述

1. 初步认识物流信息的概念及特征、物流信息技术的概念；
2. 了解物流信息系统的概念及其组成；
3. 了解物流信息技术的作用和发展趋势。

四川川航物流有限公司(简称"川航物流")成立于2016年,其前身为川航物流部。川航物流2019年日均运输货物邮件600余吨,凭借国内最大的全空客机队和年均10余架飞机的增速,以及2019年全货机的加入,已成为西南地区主要的航空货运企业。

随着业务量不断增长,原有经营管理模式已无法满足业务发展需求,川航物流急需建设一套先进的信息系统,取代繁杂的人工操作,充分释放生产力,提升客户服务水平。基于此背景,川航物流"供应链管理信息平台"应运而生。该系统成功上线,带来了以下好处。

通过订单自动对接或批量导入替代原有手工方式,自动生成汽运派送单、航空运单,运价自动计算,自动生成与客户和第三方协作单位对账单,在线完成对账及报账业务,自动提供每日销售数据报表,极大地简化了业务操作,提升业务效率30%左右。

每个订单从接收到处理完成可以为客户节约10～15分钟,为客户提供货物全程跟踪监控服务,为供应商提供在线报账凭据上传、在线对账等服务,缩短结算周期15天左右,极大提升了客户和供应商的满意度。

为财务部门提供了费用和应收应付模块,包括收入计算、费用计算、对账、调账、费用在线审核、在线报销、发票管理、核销等功能服务,让财务工作不仅规范而且提效 40% 左右。

 **想一想:**

川航物流的信息系统带来了哪些好处?

# 1.1　物　流　信　息

## 1.1.1　物流信息的概念

物流(logistics)一词最早出现于美国,我国国家标准《物流术语》中对物流的定义是:物流是物品从供应地向接收地的实体流动过程。根据实际需要,将运输、储存、搬运、包装、流通加工、配送、信息处理等基本功能实施有机结合。

物流信息(logistics information)是反映物流各种活动内容的知识、资料、图像、文件的总称。物流信息是物流活动中各个环节生成的信息,一般是随生产到消费的物流活动而产生的信息流。它与物流过程中的运输、保管、装卸、包装等各种职能有机结合在一起,是整个物流活动顺利进行不可缺少的组成部分。

从狭义范围看,物流信息是指与物流活动(如运输、储存、搬运、包装、流通加工等)有关的信息。物流信息对运输管理、库存管理、订单管理、仓库作业等物流活动具有支持、保障的功能,在物流活动的管理与决策中都需要有详细和准确的物流信息。

从广义范围看,物流信息不仅指与物流活动有关的信息,还包含与其他流通活动有关的信息,如商品交易信息和市场信息等。商品交易信息是指与买卖双方的交易过程有关的信息。市场信息是指与市场活动有关的信息。在现代经营管理活动中,物流信息与商品交易信息、市场信息有着密切的联系。广义的物流信息不仅能连接、整合从生产厂家、经过批发商和零售商最后到消费者的整个供应链,而且在应用现代信息技术基础上能实现整个供应链活动的效率化。

### 1.1.2 物流信息的特征

物流信息通常具有以下几方面的共同特征。

**1. 信息量大、分布广**

物流信息随着物流活动以及商品交易活动的展开而大量产生。多品种、少数量生产和多频度、小数量配送,使库存、运输等物流活动的信息量大增。

**2. 更新速度快,动态性强**

物流信息的更新速度快。多品种少数量生产、多频度小数量配送,使物流信息不断更新,动态性增强。

**3. 来源多样化**

物流信息不仅包含企业内部的物流信息、企业间的物流信息,还包含与物流活动相关的基础设施信息。企业竞争优势的获得需要供应链各节点企业之间实现信息共享。

**4. 物流信息标准化**

随着信息处理方式的电子化,物流信息的传输也需要实现标准化。

# 1.2　物流信息技术

信息技术(information technology,简称 IT)泛指能拓展人的信息处理能力的技术。从目前看,信息技术主要包括传感技术、计算机技术、通信技术、控制技术等,它替代或帮助人们完成对信息的检测、识别、变换、传递、计算、提取、控制和利用。

物流信息技术是指现代信息技术在物流各个作业环节中的应用,是物流现代化的重要标志。物流信息技术通过切入物流企业的业务流程实现对物流企业各生产要素(车辆、仓库、加工等)的合理组合与高效利用,降低经营成本,直接产生明显的经营效益。据国外统计,仅就物流信息技术在物流运输中的应用一项,即可为传统的运输企业带来以下效益:

(1) 降低空载率 15%~20%,提高对在途车辆的监控能力,有效保障货物安全。

（2）网上货运信息发布及网上下单可增加商业机会 20％～30％。

（3）无时空限制的客户查询功能,有效满足客户对货物在运情况的跟踪监控,可提高业务量 40％。

（4）对各种资源的合理综合利用,可减少运营成本 15％～30％。

同样,物流信息技术也为传统仓储企业带来了显著的实效,表现为:配载能力可提高 20％～30％;库存和发货准确率可超过 99％;数据输入误差减少,库存短缺及损耗减少;可降低劳动力成本约 50％,提高劳动效率 30％～40％;提高仓库空间利用率 20％,等等。

由此可见,物流信息技术的发展对推动企业乃至整个社会发展所起的作用是巨大的,愈来愈多的物流企业或企业的物流部门投入更多资源到物流信息技术的发展上。

# 1.3 物流信息系统

## 1.3.1 物流信息系统的概念和特点

物流信息技术在物流领域广泛应用的一个主要标志是针对物流活动的需要而开发的物流信息系统(logistic information systems,简称 LIS)。物流信息系统不仅使企业实现了物流功能、业务流程的集成,而且可以将供应厂商、协作企业、用户及竞争对手的资源纳入企业的管理系统中,有利于实现各种物流资源的合理配置。

物流信息系统是指由人员、设备和程序组成的,为物流管理者执行计划、实施、控制等职能提供信息的交互系统,它与物流作业系统一样都是物流系统的子系统。

物流信息系统具有实时化、网络化、系统化、规模化、专业化、集成化、智能化等特点。

## 1.3.2 物流信息系统的组成

物流信息系统的基本组成要素有硬件、软件、数据库与数据仓库、人员等。

## 1. 硬件

硬件包括计算机、网络通信设备等,它是物流信息系统的物理设备、硬件资源,是实现物流信息系统的基础,构成了系统运行的硬件平台。

## 2. 软件

软件主要包括系统软件和应用软件两大类。系统软件主要用于系统的管理、维护、控制及程序的装入和编译等工作;而应用软件则是指挥计算机进行信息处理的程序或文件,它包括功能完备的数据库系统、实时的信息收集和处理系统、实时的信息检索系统、报告生成系统、经营预测与规划系统、经营监测与审计系统及资源调配系统等。

## 3. 数据库与数据仓库

数据库技术将多个用户、多种应用所涉及的数据,按一定数据模型进行组织、存储、使用、控制和维护管理,数据库的独立性高、冗余度小、共事性好,能进行数据完整性、安全性、一致性的控制。数据库系统面向一般管理层的事务性处理。

数据仓库是基于主题的、集成的、稳定的、不同时间的数据集合,用于支持经营管理中的决策制定过程。基于主题而组织的数据便于针对主题进行分析决策,它所具有的集成性、稳定性及时间特征使其成为分析性数据,为决策层提供决策支持。

## 4. 人员

人员组成包括系统分析人员、系统设计人员、系统实施和操作人员,以及系统维护人员、系统管理人员、数据准备人员和各层次管理机构的决策者等。

# 1.4 物流信息技术发展趋势

## 1.4.1 无人化操作场景更加丰富

操作层面,仓储、分拣、运输、配送、客服等物流各环节应用机器人、无人机、智能客服等技术不断拓宽物流操作无人化场景。在仓库作业中,以自动导引车、穿梭车、协作机器人、并联机器人为主,应用于不同的作业场景。还有使用图像识别技术实现物流信息自动化录入,使用语音识别技术和视频识别技术优化智能客服系统等。这些无人化技术推动物流行业第一次真正脱离人力的约束,实现前所未有的高效率和高准确率。

### 1.4.2　智能化技术为物流运营赋能

运营层面,在网络、大数据、物联网和人工智能等技术的支持下,仓储、运输、配送全链路智能化,实现智能网络布局、智能仓储管理、运输路由规划、终端配送规划等,使得庞大的物流网络得以有序、高效地运转。例如使用人工智能完成运输管理系统中的车货匹配,使用机器学习和深度学习完成无人物流驾驶和配送体系,使用人工智能实现物流的内部智能调度系统等。目前政策环境持续改善,物流互联网逐步形成,物流大数据得到应用,物流云服务强化保障,协同共享助推模式创新,人工智能正在起步,智能化技术不断为物流运营赋能。

### 1.4.3　不断发展的决策智慧化技术

在网络协同层面,5G 技术、物联网、区块链、云计算、大数据以及人工智能将改变现在物流协同的方式,让整个社会化的协同变得更有可能。可以从整个供应链条做到全局化优化,这样的优化将给资源配置和商品流通效率带来质的飞跃,使得物流和供应链决策更加智慧化。物流智慧化决策依赖智慧化平台的计算、思考和决策,仰仗数字化运营平台物流参数等进行有效建模,然后通过模型可以精准分析和估计,最后形成企业经营、自动化运输和仓储调度作业的最优方案。特别是 5G 时代的到来,给这些新技术带来了无限可能。

本 章 小 结

本章首先介绍了物流信息及物流信息技术的基本概念、内容和特征,然后对物流信息系统作简单的介绍,使学生了解现在的物流信息系统有哪些基本组成要素、主要使用哪些信息管理软件以及这些信息管理软件各自发挥的作用,在以后的章节中对这些内容会有更详细的介绍。本章还介绍了当今物流信息技术的现状和发展趋势,可以使学生了解物流信息技术今后的发展方向,以便更好地掌握物流信息技术的应用。

## 检查与思考

1. 简述物流信息的定义与特征。
2. 物流信息技术可为企业带来哪些效益?
3. 简述物流信息系统的基本组成要素。
4. 简述未来物流信息技术发展的主要趋势。

# 第二篇

## 技 术 篇

# 第2章 条码技术

## 学习目标

1. 了解条码在物流领域的应用；
2. 掌握条码的概念和特点；
3. 学会使用条码设计软件及条码识读设备。

## 案例导入

海尔集团创立于1984年,现已成为在海内外享有较高美誉的大型国际化企业集团。在海尔的销售体系中,专卖店的管理是重中之重,这是因为专卖店直接和客户交流,其所作所为直接关系到海尔的声誉、形象,它所产生的影响也是其他销售方式不可以替代的。海尔基于电器销售员控制管理的二维条码管理系统,使得海尔专卖店得以发挥其应有的作用。

海尔电器销售员现场提取销售产品附带的条码,将条码信息传回总部,总部通过扫描条码自动核算工资;根据客户在分中心仓库提货的数据,由总部打印虚拟条码,制作二维条码并发送到对应的商场销售员手中,模拟代替实物的流动;根据现有的营销渠道建立连锁店及批发店的总店、子店控制表。结合实际销售情况,工资核算每月一次。条码的发放与采集没有实时性要求,可事后打印,打印数据可采用后台数据库中的数据。

条码管理系统节约了物流成本,加速了信息流动,提高了销售员提交信息的真实性、可靠性,具有很好的防伪能力。

> 💡 **想一想:**
>
> 海尔为什么使用条码管理系统?除了上面所讲的,条码还被应用于哪些领域?条码都有哪些种类?

# 2.1　解 读 条 码

## 2.1.1　什么是条码

条码(又称条形码)是由一组规则排列的条、空以及对应字符组成的用以表示一定信息的图形标识符。"条"指对光线反射率较低的部分,"空"指对光线反射率较高的部分,这些"条"和"空"组成的标记被识读设备读取后,转换成与计算机兼容的二进制和十进制信息。

二维码是条码中的一类,现代社会的人们对二维码非常熟悉,支付码、名片码、健康码、乘车码……几乎每个人每天都要跟这些二维码打几次交道,这样算下来全球每天二维码都被使用上百亿次。这些足以说明条码使用的普遍性和重要性。条码之所以有如此广泛的应用,是因为条码具有以下几个突出特点。

1. 准确性高

键盘输入数据出错率为 $1/300$,采用光学字符识别技术出错率为万分之一,而采用条码技术误码率低于百万分之一。

2. 输入速度快

在做同样工作的情况下,条码输入约比键盘输入快 5 倍,并且能实现即时数据输入。

3. 采集信息量大

利用传统的一维条码一次可采集几十个字符的信息,二维条码更可以携带数千个字符的信息,并有一定的自动纠错能力。

4. 灵活实用

条码符号作为一种识别手段可以单独使用,也可以和有关设备组成识别系统实现自动化识别,还可和其他控制设备联系起来实现整个系统的自动化管理。

5. 自由度大

识别装置与条码标签相对位置的自由度比光学字符识别大得多。同一条码所表示的信息完全相同并且连续,这样即使标签有部分缺欠,仍可以从正常部分输入正确的信息。

另外,条码符号识别设备结构简单,操作容易,而且条码标签经济便宜、易于制作,对印刷技术设备和材料无特殊要求。

### 2.1.2 常用条码

条码可分为一维条码和二维条码两大类,目前在商品上应用的条码仍以一维条码为主。

1. 一维条码

一维条码在社会生活中处处可见,在全世界得到了极为广泛的应用。一维条码由以下部分依次组成:空白区(前)、起始字符、数据字符、校验字符、终止字符、空白区(后),如图 2 - 1 所示。

图 2 - 1 条码符号构成

一维条码有 20 多种,其中使用最广泛的是 EAN 码。下面简单介绍 EAN 商品条码。

EAN 商品条码也称通用商品条码,由国际物品编码协会制定,通用于世界各地,是目前国际上使用最广泛的一种商品条码。我国目前在国内推行使用的也是这种商品条码。EAN 商品条码分为 EAN—13(标准版)和 EAN—8(缩短版)两种。

EAN—13 商品条码一般由前缀码、制造厂商代码、商品代码和校验码组成。商品条码中的前缀码是用来标识国家或地区的代码,赋码权归属于国际物品编码协会,如 001～019、030～039、060～139 代表美国;450～459、490～499 代表日本;690～695 代表中国内地;471 代表我国台湾地区;489 代表香港特别行政区。制造厂商代码的赋码权归各个国家或地区的物品编码组织,我国由国家物品编码中心赋予制造厂商代码。商品代码是用来标识商品的代码,赋码权由产品生产企业自己行使,生产企业按照规定条件自己决定在自己的何种商品上使用哪些阿拉伯数字作为商品条码。商品条码最后 1 位为校验码,用来校验商品条码中左起第 1~12 位数字代码的正确性。

EAN-8 商品条码是指用于标识的数字代码为 8 位的商品条码,由 7 位数字表示的商品项目代码和 1 位数字表示的校验符组成。

2. 二维条码

与一维条码只能从一个方向读取数据不同,二维条码(图 2-2)可以从水平、垂直两个方向获取信息,因此其包含的信息量远远大于一维条码,并且还具备自动纠错功能。二维条码分为以下三种类型。

线性堆叠式二维码

矩阵式二维码

邮政码

图 2-2　二维条码

(1)线性堆叠式二维码。就是在一维条码编码原理的基础上将多个一维码在纵向上堆叠而产生的。

(2)矩阵式二维码。它是在一个矩形空间通过黑、白像素在矩阵中的不同分布进行编码。它能提供更高的信息密度,存储更多的信息。与此同时,矩阵式条码比堆叠式条码具有更高的自动纠错能力,更适合在条码容易受到损坏的场合使用。

(3)邮政码。它是通过不同长度的条进行编码,主要用于邮件编码。

# 2.2　制作条码

条码可以用专业的条码编辑软件设计并打印出来,也可以应用办公软件如 WPS、Office 制作简单的条码。下面主要讲解如何使用专业的条码编辑软件 Label Matrix 进行商品条码和储位条码的设计制作。

制作商品条码

### 2.2.1　商品条码

（1）打开已安装的条码编辑软件 Label Matrix，出现如图 2-3 所示的对话框。这时如果要新设计一个条码则选择"创建新标签"，如果在原有条码上进行修改则选择"打开最近使用过的标签"。

图 2-3　开始界面

（2）点击后会进入条码的设计界面，如图 2-4 所示。

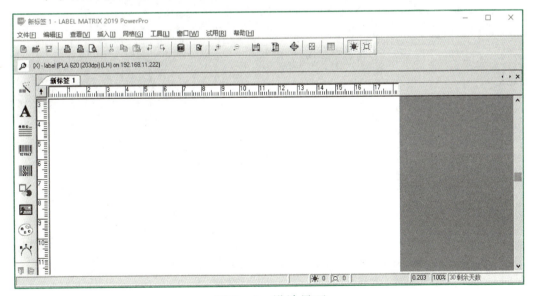

图 2-4　设计界面

（3）下面先进行一维条码的设计，点击一维条码的控键，出现如图 2-5 所示的对话框。

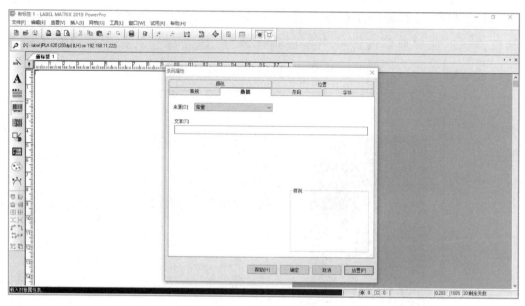

图 2-5　一维条码属性界面

（4）点击"常规"选项卡，出现如图 2-6 所示的对话框，需要填写的是条码的名称，如输入"ABC"，下面的编辑档（描述）用于备注及简单说明，可根据需要进行编辑，完成后点击"确定"。

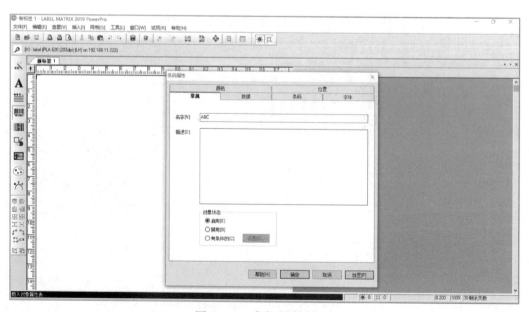

图 2-6　常规属性界面

（5）点击"数据"选项卡，出现如图 2-7 所示的对话框。

图 2-7　数据属性界面 1

这时"来源"选项一般选择"常量"，默认是常量，也可以选择其他的特殊键：

① "数据库"是指条码数据来源于数据库；

② "键盘输入"是指条码数据来源于键盘即时输入；

③ "计数器"是指可以连续打印按顺序排列的条码；

④ "复制"是指条码数据是从别的文档复制过来的；

⑤ "公式"是指条码数据可以是连接两个不同的数据段得来的；

⑥ "日期"是指条码上所显示的日期；

⑦ "时间"是指条码上所显示的时间。

（6）在选择默认的情况下，开始进行内容的编辑，如图 2-8 所示，在"文本"栏里输入设计的条码数值，如 6903244981132，右下角对话框"样例（预览）"界面会显示上述输入内容。

（7）输入完后点击"确定"即可出现如图 2-9 所示的界面。

（8）这时如果使用鼠标选中条码上的红色实线框进行拉动，就可以改变

图 2-8 数据属性界面 2

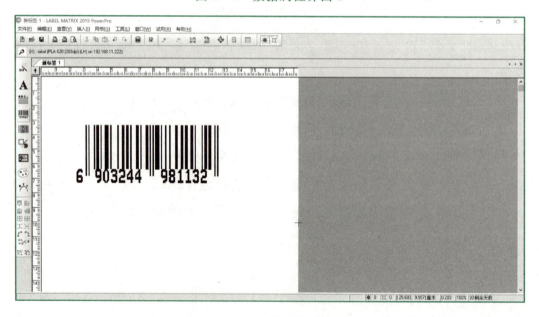

图 2-9 条码界面

条码的长、宽、高,还可以移动整个条码。如果条码没有完全显示,超出编辑框,条码上就会出现红色的太阳提醒编辑者,如图 2-10 所示。

图 2-10 条码超出编辑框

（9）如果要继续编辑条码,可将鼠标定位在条码上,然后双击鼠标左键,就会出现如图 2-11 所示的对话框。

图 2-11 数据属性界面 3

这时可点击上面的第三个选项卡"条码",会出现如图 2-12 所示的对话框。

① 在这个对话框的"类型"选项中进行条码类型的选择,在显示的众多码制中选择正在编辑的条码适用的码制。

② 在"高度"选项中进行条码高度的修改。

③ 在"密度"选项中进行条码密度的选择,通常情况下选择 0.033。在选

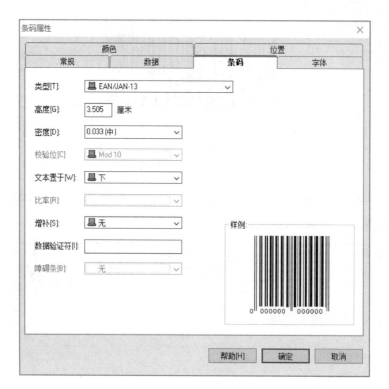

图 2-12  条码编辑界面

择的时候可在右下方"样例"中进行预览。

④ 在"文本置于"选项中进行条码数字位置的选择,有"上""下""不显示"三个选项供选择。

⑤ 在"增补"选项中,可以增加补充码作为验证码或校对码,可以设置 2 位数、5 位数的补充码或者不增加补充码。

(10) 填完后直接点击"字体"选项卡,出现如图 2-13 所示的界面,在这里可选择条码中数字的字体和字号。

(11) 点击"颜色"选项卡,出现如图 2-14 所示的界面,在此可进行条码颜色的选择。

(12) 点击"位置"选项卡,出现如图 2-15 所示的界面,在这里可以对条码在编辑界面所处位置进行设定,还可以对条码进行旋转设置。

(13) 所有关于条码的选项设置完毕后,点击图 2-15 中的"确定"按钮,即可出现如图 2-16 所示的条码。图 2-17 则是使用条码设计软件设计的商品条码样例。

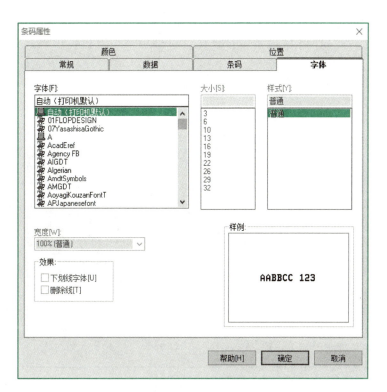

图 2-13　字体设置界面

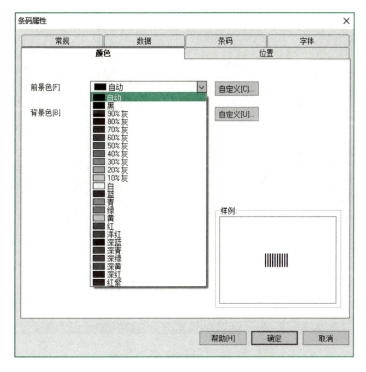

图 2-14　颜色设置界面

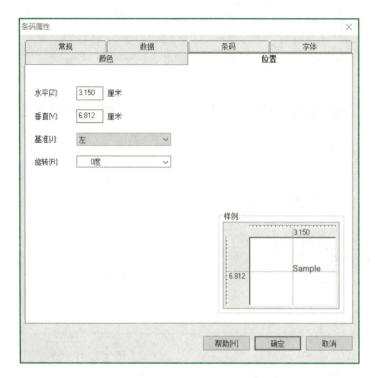

图 2-15　位置设置界面

图 2-16　设计完成的条码

图 2-17　商品条码样例

## 2.2.2　储位条码

储位条码是仓库内对不同货物的储位位置的标识,通常采用一定的编码规则,如由库、排、列、层、位组成,并在信息系统中进行维护。储位条码便于进行商品上架作业、出货作业、盘点作业的指引,每个货品定区定储位,以缩短作业时间,提高效率。

制作储位条码

其设计和制作过程与上述商品条码基本一致。值得注意的有以下几点。

(1) 条码名称:填写的内容为"储位条形码",如图 2-18 所示。

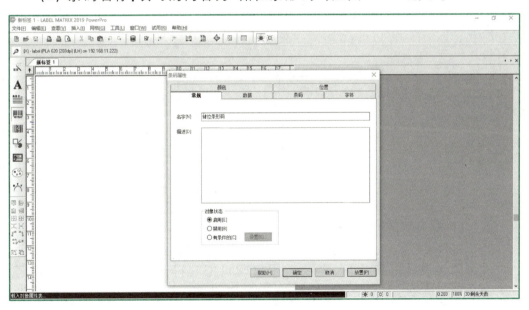

图 2-18　储位条码设计

(2) 条码数字:在"数据"选项卡中,填写的内容为储位编号。

制作完毕后,打印出的储位条码样例如图 2-19 所示。

图 2-19 储位条码样例

## 【做中学】

1. 请在计算机上使用条码设计软件进行商品条码的制作,制作要求见表2-1。

表 2-1 条码制作要求

| 商品名称 | 立顿铁观音 | 怡爽草本枇杷糖 | 乐扣搅拌杯 | 文件夹 |
|---|---|---|---|---|
| 条码数值 | 6922848641051 | 6934982200414 | 6943620593122 | 4715461312123 |
| 码制 | EAN-13 | EAN-13 | EAN-13 | EAN-13 |
| 密度 | 0.033 | 0.031 | 0.027 | 0.040 |
| 字体 | 华文中宋 | 楷体 GB-2132 | 黑体 | 宋体 |
| 字号 | 15 | 23 | 18 | 20 |

2. 给表2-1中的每个商品都制作一个储位条码。

# 2.3 打印条码

## 2.3.1 条码打印机

使用软件设计好条码后,需要使用打印机把它打印出来。条码打印机已经广泛应用于生产生活中,如超市、政府部门、生产制造企业、物流企业等。

条码打印机的技术参数和性能包括:

(1) 打印宽度。表示打印机所能打印的最大宽度,也代表打印机的等级。一般来说,打印宽度有 3 英寸①到 8 英寸几个选择。打印宽度是选择打印机的

①　1 英寸＝2.54 厘米。

决定因素。

（2）打印精度。精度越高的打印机打印越清晰,截至 2020 年 9 月底,最高的打印精度为 600dpi,而 200dpi 或 300dpi 就可以满足工业日常使用的需要。

（3）打印速度。打印速度快是条码打印机相对于普通打印机的最大优势。它的打印速度可以达到 12 英寸/秒。对于同种机器而言,打印速度越快,精度越低。

（4）接口。一般来说条码打印机最常见的接口类型是并口,也有部分型号的条码打印机使用 USB 接口。

（5）其他。为了让打印机达到用户的要求,各厂家均设计了很多可选配件,如切刀、剥离器、纸架等,用户可根据自己的具体要求自行选购。

条码打印机的外观如图 2-20 所示。

图 2-20　条码打印机

### 2.3.2　条码打印机的安装及设置

条码打印机的安装和设置一般参照购买时随机附带的说明书操作即可,如设置出现故障,将不能正常打印条码。下面以斑马(Zebra)牌某一型号条码打印机为例,说明安装和设置的过程。

1. 软件安装步骤

（1）插入随机光盘,参考驱动程序安装手册,安装驱动程序。

（2）安装选用的标签编辑软件(在安装标签编辑软件时请确定支持此打印机)。

（3）打印机面板设置参考文档面板手册进行操作。

（4）PC 端的软件安装参考该软件的使用手册。

（5）安装完毕。

2. 硬件安装步骤

（1）确保供电电压和打印机的工作电压相符，同时检查供电电源是否安全接地，按住面板的某些按键，再打开电源开关，即可进行特定用途的自检。

（2）安装色带。分清色带的绕向，千万不能装反，否则会损害条码打印机的组件。安装时须将色带推到底。斑马牌条码打印机只可使用外向色带。

（3）安装标签。将标签挡片和挡纸片挡好，标签要从压纸/反射片下穿过，标签左侧靠着挡纸片。

（4）第一次安装新标签时执行校正操作：装好标签和色带，合上打印头，按校正键，此时打印机会先慢速走几张，再快速走几张，自动完成对标签长度的识别和存储，对不连续标签有效。

（5）安装完标签和色带后一定要合上打印机外盖。应使用斑马牌条码打印机指定的色带和标签，否则易损害打印头。

【做中学】

请打印上一个做中学任务要求设计的商品条码以及储位条码。

# 2.4　条码扫描设备

条码扫描设备应用于超市的收银端口、货物盘点、库存管理、物流管理等环节，以及仓储物流、生产组装线、部件跟踪和库存管理等工业领域。此外，还应用于办公自动化、医疗保健、政府管理信息化、表格单据管理、物流仓储管理、证件门禁管理等领域。常用的条码扫描设备如图2-21所示。

## 2.4.1　光笔条码扫描器

光笔条码扫描器是指头部装有发光元件的笔形扫描器，使用时在条码符号上从左到右或从右到左移动光笔扫描器进行读取。这种扫描器需要操作人员手持，以一定的速度移动。

## 2.4.2　手持式条码扫描器

手持式条码扫描器是内部装有控制光束的自动扫描装置。扫描时需将读取头(光源)接近条码进行读取。

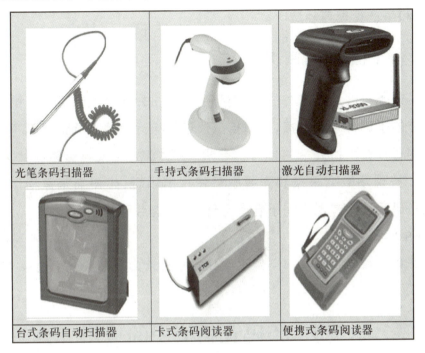

| | | |
|---|---|---|
| 光笔条码扫描器 | 手持式条码扫描器 | 激光自动扫描器 |
| 台式条码自动扫描器 | 卡式条码阅读器 | 便携式条码阅读器 |

图 2-21 各类条码扫描器

### 2.4.3 激光自动扫描器

激光自动扫描器的光源是激光,其优点是扫描速度快、光照强,可以远距离扫描且扫描景深长,而且扫描光束可以由单束光转变成十字光或米字光,从而可以从不同角度扫描条码。

### 2.4.4 台式条码自动扫描器

台式条码自动扫描器一般都固定安装在一个地方,用来识读在一定范围内出现或通过的条码符号。其优点是稳定、扫描速度快,广泛应用于超市的收银系统中。

### 2.4.5 卡式条码阅读器

卡式条码阅读器可以用来识读带有条码的卡式证件和文件,其内部的机械结构能够保证卡片在插入滑槽后自动沿轨迹做直线运动,在卡片前进过程中,扫描光点读取条码信息。卡式条码阅读器常用于医院病例管理、身份验证、考勤和生产管理等领域。

### 2.4.6 便携式条码阅读器

便携式条码阅读器又称手持终端、盘点机,由电池供电,扫描时将扫描器带到物体的条码符号前扫描,其扫描识读过程与计算机之间的通信不同步,而是将数据暂存在手持终端内的存储器里,在适当的时候再传输给计算机。它适用于一些现场数据采集和需要脱机使用的场合,如扫描笨重物体的条码。便携式条码阅读器广泛应用于仓库管理、商品盘点等作业中。

【做中学】

用条码扫描器扫描第一个做中学任务中设计的商品条码及储位条码。

# 2.5 条码在物流中的应用

条码技术已经在零售业、运输业、物流业、服务业等国民经济和社会生活的诸多领域得到广泛应用。下面以某商品的流通过程为例进行说明。

### 2.5.1 生产物流中的条码应用

货品在市场中流通,需要进行条码申请,赋予 EAN-13 系列码制。货物通过原材料的备货,并经过生产组装,完成调配、分装等作业后,在系统中打印条码标签,粘贴在商品上,完成商品的包装作业,然后在系统中确认数量。之后,可通过出入库的条码扫描,确认商品出入库的实际数量。生产物流中的条码应用如图 2-22 所示。

### 2.5.2 物流中心的条码应用

1. 商品入库

商品到达物流中心后进行投单作业,信息员根据送货的数量和品项类别验收资源,并打印对应数量的托盘标签,货品按照品项类别堆叠在托盘上,并粘贴对应的托盘标签且进行组盘作业,完成托盘和商品信息的绑定。保管员

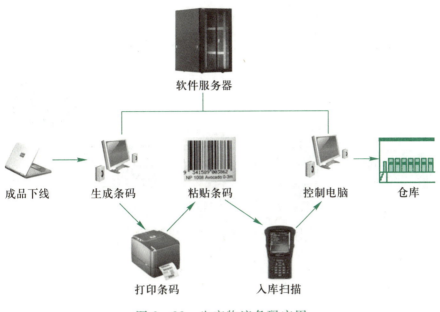

软件服务器

成品下线     生成条码     粘贴条码     控制电脑     仓库

打印条码     入库扫描

图 2-22 生产物流条码应用

通过 RF 手持终端设备获取标签信息,即可获取上架指令,上架到粘贴有标签的货位上,完成商品入库作业。

2. 商品出库

物流中心接到客户作业指令后,根据客户作业指令生成拣货指令,通过无线网络下发到 RF 手持终端上,仓管员根据 RF 手持终端的提示完成下架及出货定位工作,并可使用 RF 手持终端设备检查、确认出货商品的正确性。

3. 在库管理

物流中心里,因为对商品本身和储位赋予了唯一的编码,可使用 RF 手持终端设备借助条码完成仓库的移库和盘点作业。

物流中心的条码应用如图 2-23 所示。

### 2.5.3 销售物流中的条码应用

物流中心将货物配送到销售门店,商品信息已在收银系统后台维护完毕,通过手持终端设备可扫描到货货物的条码标签,确认到货是否准确。

消费者在零售门店购物时,货品拣选完毕后到前台结账,前台通过收银扫描设备即可读取所购买物品的标签信息,调取后台对应的价格信息,作为消费

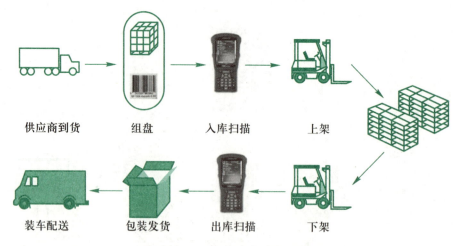

供应商到货　　组盘　　入库扫描　　上架

装车配送　　包装发货　　出库扫描　　下架

图 2-23　物流中心条码应用

者结账的依据。

本 章 小 结

　　本章介绍了条码的基本概念和特点,以及物流行业常用的一维条码和二维条码,讲解了如何制作、打印条码,同时介绍了条码扫描技术、条码扫描设备以及条码在物流领域的具体应用。

检 查 与 思 考

　　1. 什么是条码?
　　2. 一维条码与二维条码有哪些异同点?
　　3. 怎样制作和打印条码?
　　4. 目前常用的条码扫描器有哪几种?
　　5. 试述条码技术在物流中心的应用。

# 第3章　无线射频识别技术

## 学习目标

1. 了解 RFID 在各个领域的应用情况；
2. 掌握 RFID 的定义、特点以及 RFID 系统的组成；
3. 知道 RFID 在物流领域的具体操作。

## 案例导入

　　RFID 无人智能售货机是一款高性能的超高频智能售卖柜，可以实现自动扣费，结算准确率高，目前广泛应用于生鲜、冷饮、医药、耗材等零售业。无漏失盘点库存、开门自助购物体验、实时盘点侦测进出商品、适用各种商品介质，这些特质让 RFID 无人智能售货机开启了购物新体验。RFID 无人智能售货机包括货柜、二维码、RFID 读写器、本地主控系统以及远程服务器。RFID 无人智能售货机通过扫码开门，并通过扫码完成整个支付流程，这样有效地避免了顾客取出商品后不支付而产生的坏账。

　　目前很多无人售货机都采用 RFID 技术，分为超高频和高频两大类，大多数无人售货机都采用了超高频 RFID。RFID 智能无人售货机可结合各大支付平台实现免密支付，做到无人值守、自动结算，实现常温和冷藏销售。通过超高频 RFID 技术的使用，可以节省大量的人力物力，同时提高工作人员的工作效率，降低管理成本。

　　💡 **想一想：**

　　RFID 技术在零售业有哪些应用？RFID 技术的使用对零售业有何作用？

# 3.1　解读 RFID

### 3.1.1　无线射频识别技术的含义

无线射频识别技术——RFID 是英文"radio frequency identification"的缩写。无线射频识别技术是一项利用射频信号通过空间耦合(交变磁场或电磁场)实现无接触信息传递,并通过所传递的信息达到识别目的的技术。

无线射频识别的距离可达几米,且根据读写的方式,可以输入数千字节的信息,同时还具有极高的保密性。无线射频识别技术适用的领域有物料跟踪、运载工具和货架识别等要求无须接触就能进行数据采集和交换的场合,要求频繁改变数据内容的场合尤为适用。如我国香港的车辆自动识别系统——驾易通,采用的主要技术就是无线射频识别技术。装有电子标签的车辆通过装有无线射频扫描器的专用隧道、停车场或高速公路路口时,无须停车即可实现自动缴费,大大提高了行车速度,提高了效率。无线射频识别技术在其他物品的识别及自动化管理方面也得到了较广泛的应用。

### 3.1.2　无线射频识别技术的特点

无线射频识别技术与条码技术很相似,目的都是快速、准确地确认、追踪目标物体。两者的主要区别在于:有无写入信息或更改内存的能力,条码的内存不能更改,而无线射频识别技术可以。RFID 技术和传统条码识别技术相比,还具有以下特点:

1. 快速扫描

使用条码扫描设备扫描一次只能有一个条码接受扫描;RFID 辨识器可同时辨识、读取数个 RFID 标签。

2. 体积小型化、形状多样化

RFID 在读取上并不受尺寸大小与形状限制,不需为了读取精确度而配合纸张的固定尺寸和印刷品质。此外,RFID 标签更可向小型化与形状多样化发展,以应用于不同产品。

3. 抗污染能力和耐久性

传统条码的载体是纸张,因此容易受到污染,而 RFID 对水、油和化学药品等物质具有很强的抵抗性。此外,由于条码是附于塑料袋或外包装纸箱上,所以特别容易受到污损;RFID 卷标是将数据存在芯片中,因此可以免受污损。

4. 可重复使用

现今的条码印刷后就无法更改,RFID 标签则可以重复地新增、修改、删除 RFID 卷标内储存的数据,方便信息的更新。

5. 穿透性和无屏障阅读

在被覆盖的情况下,RFID 能够穿透纸张、木材和塑料等非金属或非透明材质,进行数据传输。而条码扫描器必须在近距离而且没有物体阻挡的情况下才能辨读条码,且对钢材、混凝土墙、液体的穿透性差。

6. 数据的记忆容量大

一维条码的容量是 50 字节,二维条码可储存 2~3 000 字符(文字与符号),RFID 的容量则有数 MB。随着记忆载体的发展,数据容量也有不断扩大的趋势。未来物品所需携带的信息量会越来越大,对卷标能扩充容量的需求也相应增加。

7. 安全性

由于 RFID 承载的是电子信息,其数据内容可经由密码保护,使其内容不易被伪造及篡改。

近年来,RFID 因其所具备的远距离读取、高储存量等特性而备受瞩目。它不仅可以帮助一个企业大幅提高货物、信息管理的效率,还可以使销售企业和制造企业互联,从而更加准确地接收反馈信息,控制需求信息,优化整个供应链。

# 3.2 RFID 系统

RFID 系统在具体的应用中,根据不同的应用目的和应用环境,系统的组成会有所不同。但从 RFID 系统的工作原理看,系统一般都是由信号发射机、信号接收机、编程器和天线几部分组成。

### 3.2.1   信号发射机

在 RFID 系统中,信号发射机为了不同的应用目的,会以不同的形式存在,典型的形式是标签。标签相当于条码技术中的条码符号,用来存储需要识别、传输的信息。另外,与条码不同的是,标签必须能够自动或在外力的作用下,把存储的信息主动发射出去。标签一般是带有线圈、天线、存储器与控制系统的集成电路。标签中除了存储需要传输的信息外,还必须含有一定的附加信息,如错误校验信息等。按照不同的分类标准,标签有许多不同的分类。

### 3.2.2   信号接收机

在 RFID 系统中,信号接收机一般称为阅读器。根据支持的标签类型不同及执行的功能不同,阅读器的复杂程度是显著不同的。阅读器的基本功能是提供与标签进行数据传输的途径。

### 3.2.3   编程器

只有可读、可写标签系统才需要编程器。编程器是向标签写入数据的装置。一般来说,编程器写入数据是离线完成的,也就是预先在标签中写入数据,等到应用时直接把标签粘附在被标识项目上。也有一些 RFID 应用系统,写入数据是在线完成的,尤其是在生产环境中作为交互式便携数据文件处理时。

### 3.2.4   天线

天线是标签与阅读器之间传输数据的发射、接收装置。在实际应用中,除了系统功率,天线的形状和相对位置也会影响数据的发射和接收,需要专业人员对系统的天线进行设计、安装。

RFID 系统的常见组件如图 3-1 所示,其中读写器相当于信号接收机与编程器的二合一。

a.标签

b.固定式标签读写器

c.手持射频读写器

d.圆极化天线

图 3-1　RFID 系统常见组件

# 3.3　RFID 操作

这里结合两个实例阐述 RFID 具体的操作流程。

### 3.3.1　集装箱货物运输

(1) 集装箱抵达某集装箱中心。

(2) 安装 RFID 电子标签封条到集装箱上,如图 3-2 所示。

(3) 利用手持设备将 RFID 电子标签封条和集装箱信息进行绑定,如图 3-3所示。

(4) 锁上封条,启用 RFID 电子标签。

(5) 带有标签的集装箱施封完成以后,运达装船码头。

(6) 利用桥式起重机上的读取器读取 RFID 信息,如图 3-4 和图 3-5 中画圈部分所示。

(7) 完成信息读取后,集装箱方可到达船边进行上船作业,如图 3-6

所示。

图 3-2　安装 RFID 电子标签

图 3-3　信息绑定

图 3-4　读取 RFID 信息

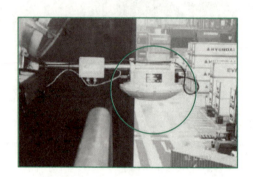

图 3-5　RFID 读取器

### 3.3.2　动态货物监控

物流运输业务对时限和准确性要求极高,可使用 RFID 技术进行信息实时采集、识别、读取与数据处理。

每个标签可根据作业流程写入货运单号、起运地、目的地、货物等信息,并与作业流程衔接,收货完毕后,根据运输要求进行自动分拣,在运输过程中为每单货物匹配车辆,借助 GPS 技术,为货物提供系统的实时监控。

同时可以进行车辆的实时跟踪,通过交通控制中心的网络在各个路段向司机报告交通状况,指挥车辆绕开堵塞路段,并用电子地图实时显示交通状况,能够使得交通流量均匀,大大提高道路利用率。通过实时跟踪,还可以自动查处违章车辆,记录违章情况。

动态货物监控的具体操作如下:

(1) 由无线卷标获取及写入信息,如图 3-7 所示。

(2) 货物装入货箱。

图 3-6 集装箱上船作业

图 3-7 读写信息

（3）RFID 读取器确认集装箱货物离开物流中心。

（4）RFID 读取器确认货物离开基地前往码头。

# 3.4 RFID 应用

## 3.4.1 固定资产管理

固定资产自动识别系统解决了企业在固定资产管理中经常出现的账实不符的问题。对资产的空间、归属等属性进行管理，有效控制企业资产混乱、流失和账实不符的情况，同时也能满足企业对资产财务管理的要求。

通常在每个固定资产上粘贴唯一的标签，作为标识，在进行盘点作业时，无须打印任何单证，使用手持射频读写器进行扫描，确认物品的信息；针对指定使用区域的物品，在对应作业区安装固定式标签读写器，对物资的使用地点和位移也可进行监控，便于管理。RFID 固定资产管理系统架构如图 3-8 所示。

## 3.4.2 生产企业监控

生产企业监控包括从原材料入库、在制品生产控制到成品出库、仓储、配送等物流全过程。每个原材料配件均配置标签，标签根据原材料对应的流程赋予信息，确定其对应的工位、安装顺序等，根据读写器的扫描信息，判断该原材料的供应是否正确，避免了中转环节较多、人工供应效率低下的问

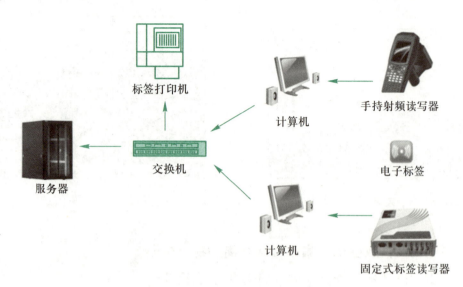

图 3-8 RFID固定资产管理系统架构

题。RFID生产企业监控系统架构如图 3-9 所示。

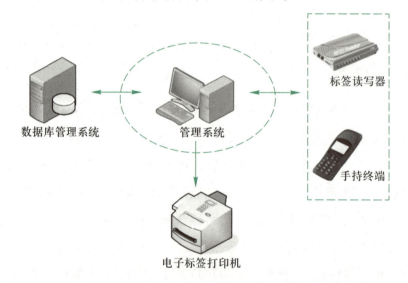

图 3-9 RFID生产企业监控系统架构

通过网络可实现物品动态追踪和原材料及时补货,快速找到所需零部件,提高生产工位物料送达的准确性,避免零部件混乱,并提供数据支持,监控库存状态。

### 3.4.3 仓储定位管理

使用以 RFID 为基础的管理系统进行自动化数据采集,保证仓库管理各个环节数据输入的速度和准确性,确保企业及时、准确地掌握库存的真实数据,合理保持和控制企业库存。通过对应的编码方式,针对物品的批次、保质期等进行有效管理。利用系统的储位管理功能,及时掌握所有库存物资当前所在位置,有利于提高仓库管理的工作效率,减少管理成本,提高企业库存和资金的流转效率。RFID 仓储定位管理系统架构如图 3-10 所示。

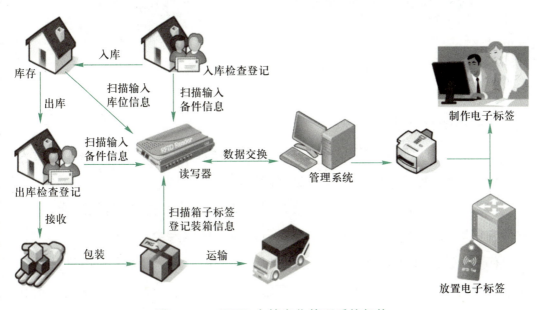

图 3-10 RFID 仓储定位管理系统架构

### 3.4.4 高端商品防伪

通过使用公共服务平台,建立高端商品防伪系统,可实现商品的真伪查询、产品信息的跟踪和监控、数据智能分析的功能。RFID 高端商品防伪系统架构如图 3-11 所示。

(1) 产品在出厂前向 RFID 标签写入厂家编号、名称、型号、出厂日期等信息。

(2) 生产作业过程中将 RFID 标签嵌在商品上。

(3) 根据企业生产实际情况,在生产包装环节向 RFID 标签写入货号、品名、产品参数、生产日期、产品批次、作业人员、品管人员等信息,同时将这些信

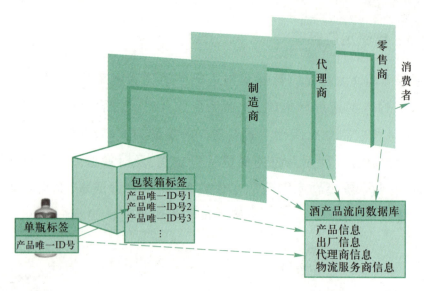

图 3-11　RFID 高端商品防伪系统架构

息反馈到防伪数据库中。

（4）商品出厂时向 RFID 标签写入出厂日期、配送地区、作业人员、品管人员等信息，同时将这些信息反馈到数据库中。

（5）商品流通销售过程中，由正规销售渠道相关人员，包括代理商、物流服务商等写入物流信息，同时将这些信息反馈到数据库中。

（6）流通的各节点，如经销商、零售商、物流中心等，可使用手持终端设备读取商品标签上的相关信息，通过发短信、拨打语音电话或上网查询验证商品的真伪。

### 3.4.5　停车场车位管理

停车场车位管理系统主要应用于停车场、酒店、高档小区、高档园区等。该系统基于 RFID 技术，能实时掌握所有车位利用情况，迅速指向空余车位，减少空置时间，扩大车位供应能力。RFID 停车场车位管理系统架构如图 3-12所示。

（1）发卡管理：对进入停车区域的固定车辆及临时车辆发卡，电子停车卡通过 ID 与车牌号唯一关联。

（2）数据采集：通过停车区域的出入口的读写器，可自动采集电子停车卡内的数据，进行相应判断、记录。

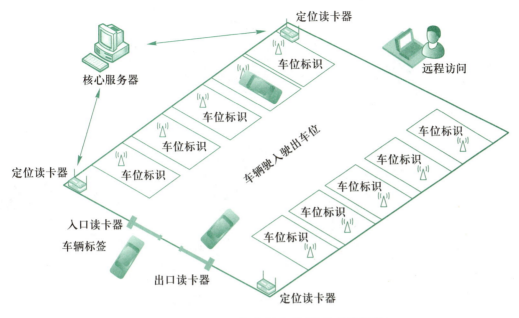

图 3-12 RFID停车场车位管理系统架构

（3）收费计算：自动计算停车时间及相应费用，并在出入口处自动扣除相应费用。

（4）应用功能：对停车区域的车辆及车位可按需进行派车、派位、车位转租等。

（5）即时防盗：如果停车区域的车辆非正常离开，系统自动报警，通知保安进行拦截。

（6）统计报表：系统可按用户要求进行按时、按日、按月统计，生成报表。

### 3.4.6 人员定位系统

该系统在需要监管的各个区域安装若干 RFID 读写器，每个人员佩戴装有 RFID 卡的标识，当人员进入监管区域时，只要通过或接近放置在该区域的 RFID 读写器，就可以读取具体信息（是谁、在哪个位置、具体时间）。一旦出现紧急情况，通过该系统可以准确判断人员位置，从而便于及时处理。RFID 人员定位系统架构如图 3-13 所示。

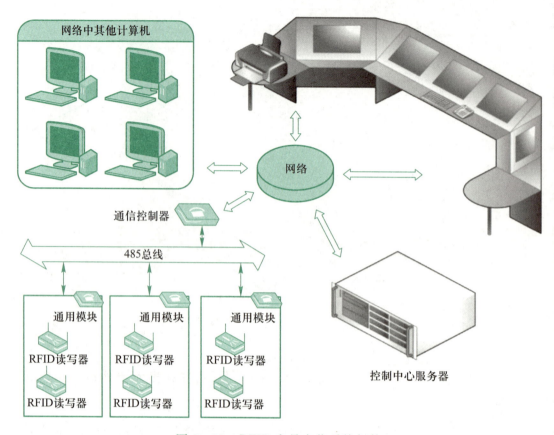

图 3 – 13 RFID 人员定位系统架构

## 本章小结

本章详细介绍了无线射频识别技术的定义、系统组成、特点及与条码技术的区别。同时介绍了 RFID 的操作流程及在各领域的应用。

## 检查与思考

1. 什么是无线射频识别技术？

2. RFID 系统由哪几部分组成？

3. 试述 RFID 技术的应用。

# 第4章　EDI 技术

## 学习目标

1. 了解 EDI 技术在物流领域的应用;
2. 掌握 EDI 的概念和物流 EDI 的概念。

## 案例导入

截至 2019 年年底,上海联华超市集团门店数已达 3 352 家。随着经营规模的扩大,管理工作越来越复杂,公司领导意识到必须加大高科技的投入,做好计算机网络应用。

联华超市集团公司引入 EDI 方式后,实现了配送中心和供应商之间、总部与配送中心之间、配送中心与门店之间标准格式的信息传递。配送中心将订单通过 EDI 系统生成机器可读的 EDI 标准数据流,通过 EDI 系统传输与书面内容相同的信息,将数据流传送给供应商。随后在供应商的 EDI 系统中,根据标准将数据流转换为计算机系统所需的简单文件(即报文),然后对这些文件进行编辑和校验,再将其传给订单输入程序进行处理。这样,配送中心直接根据各门店的销售情况和订货情况生成订货信息,发送给供应商。供应商供货后,配送中心根据供应商的发货通知单直接进行库存维护,向门店发布存货信息。

EDI 的应用不仅提高了商业效率,降低了企业成本,而且使企业获得了更为广阔的商业机遇及良好的经济效益。

> 🔘 想一想:
>
> 试分析 EDI 技术带来的巨大经济效益和社会效益。它为什么能带来如此大的效益?

# 4.1　解读 EDI

## 4.1.1　什么是 EDI

EDI(electronic data interchange)的中文意思是"电子数据交换",是在企业的内部应用系统之间,通过计算机和公共信息网络,以电子化的方式传递商业文件的过程。

它通过计算机通信网络将贸易、运输、保险、银行和海关等行业信息,用一种国际公认的标准格式,实现各有关部门或公司与企业之间的数据交换与处理,并完成以贸易为中心的全部过程,因此 EDI 又被人们通俗地称为"无纸贸易"。EDI 具有以下五个特点:

(1) EDI 是通过专用的 EDI 增值网络进行的电子信息传输。

(2) EDI 是标准格式和结构化电子数据的交换。

(3) EDI 增值网络具有较高的安全性和可靠性。

(4) EDI 由计算机自动读取而无须人工干预。

(5) EDI 是为了满足商业中信息交换的需要。

## 4.1.2　EDI 要素

EDI 系统的三个要素分别是:

1. EDI 软件和硬件

实现 EDI 需要配备相应的 EDI 软件和硬件。当需要发送 EDI 电文时,EDI 软件从用户数据库系统中提取信息,根据 EDI 标准把它翻译成相应的格式进行传输。EDI 所需的硬件设备一般包括:计算机、联网设备及通信线路等。

2. 数据标准

数据标准是整个 EDI 最关键的部分,由于 EDI 是以事先商定的报文格式进行数据传输和信息交换,因此制定统一的 EDI 标准至关重要。由各企业、各地区代表共同讨论、制定的 EDI 共同标准,可以使各组织借助共同的 EDI 数据标准,达到彼此之间文件交换的目的。

3. 通信网络

作为实现 EDI 重要手段的通信网络,其通信方式有多种,如图 4-1 所示。

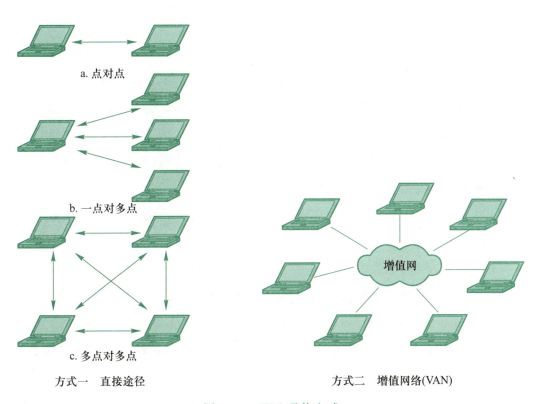

图 4-1 EDI 通信方式

方式一是通过直接途径进行通信。具体包括点对点、一点对多点、多点对多点等几种方式。这种方式的使用者把商业文件信息转化为预定格式,并把它们传输到增值网上,接收方在约定的时间进入增值网系统取回传递给他们的信息,之后将数据翻译成一般的商业格式。

方式二是通过第三方网络与贸易伙伴进行通信,即增值网络(value added network,简称 VAN)方式。它类似于邮局,为发送者与接收者维护邮箱,并提供存储、转送、记忆、保管、通信协议转换、格式转换、安全管制等功能。通过 VAN 传送 EDI 文件,可以大幅降低互相传送数据的复杂程度和困难程度。

# 4.2　物流 EDI

### 4.2.1　什么是物流 EDI

应用在物流业的 EDI 常被称为物流 EDI,它是指通过 EDI 系统在货主、承运人及其他相关参与者之间进行物流数据交换,并以此为基础开展物流活动的方法。物流 EDI 的各参与方包括:

(1) 各类货主,如生产厂家、供应商、贸易商、批发商、零售商等。

(2) 承运人,如独立的物流承运企业等。

(3) 实际运送货物的各类交通运输企业,如铁路企业、水运企业、航空企业、公路运输企业等。

(4) 协助单位,如政府有关部门、金融企业等。

(5) 其他物流相关单位,如物流中心、配送中心等。

在物流领域,企业间往来的单证都属于物流 EDI 报文所适用的范围。物流相关作业包括采购、进货、接单、出货、送货、配送、对账及转账等。EDI 的报文应用范围如图 4-2 所示。

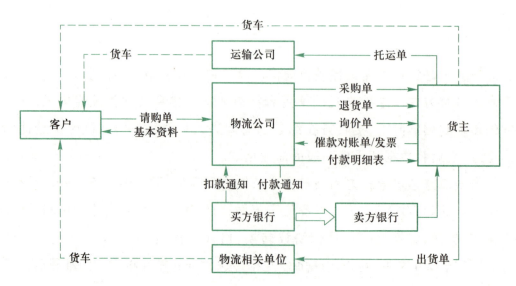

图 4-2　EDI 的报文应用范围

### 4.2.2　物流 EDI 的优势

一个生产企业的日常运作信息一般包括对外与供应商、金融机构、运输承运人和客户交流的有关订货、装运和开单等信息,以及内部用于交换有关生产计划和控制管理等的信息。下面对企业贸易伙伴间手工处理和 EDI 处理贸易单证的方式进行比较。

1. 手工处理方式

第一步,操作人员首先将企业数据库中存放的数据打印出来,形成贸易单证。

第二步,将贸易单证通过邮件或传真的方式发送给贸易伙伴。

第三步,贸易伙伴收到单证后,再由录入人员手工录入到本企业的数据库中,以便各个部门共享。整个过程如图 4-3 所示。

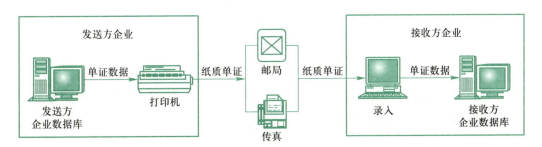

图 4-3　手工条件下贸易单证的传递方式

2. EDI 处理方式

第一步,数据库中的数据通过翻译器转换成字符型标准贸易单证。

第二步,将标准贸易单证通过网络传递给贸易伙伴的计算机。

第三步,贸易伙伴的计算机通过翻译器将标准贸易单证转换成为本企业内部的数据格式,存入数据库。整个过程如图 4-4 所示。

由上面的例子可以看出,使用 EDI 给信息处理带来了以下便利:

(1) 无纸化贸易,节省费用。

(2) 减少重复录入,减少错误,信息传递快、可靠性强,数据安全保密,增加贸易机会。

(3) 缩短付款时间,有效加速资金周转,改善现金流动。

(4) 更快地提供决策支持信息,并及时得到确认。

图 4 - 4　EDI 条件下贸易单证的传递方式

（5）有助于改善贸易伙伴各方的关系，与贸易伙伴建立更密切的联系。

（6）提高办公效率和可靠性，改进质量并提升服务。

（7）提高文件处理速度，简化中间环节，使内部运作更加合理。

（8）提供信息查询、报文标准格式转换及信息增值服务等。

# 4.3　EDI 在物流领域的应用

EDI 在物流领域的应用有三种不同的目的：数据传输、改善作业和企业再造，这些目的直接影响到 EDI 的功能、参与人员、引入时间、软硬件投入与初期成本（表 4 - 1）。

表 4 - 1　EDI 的应用方式

| 应用目的 | 数据传输 | 改善作业 | 企业再造 |
| --- | --- | --- | --- |
| 功能 | 传送订单<br>减少人工输入<br>减少错误<br>降低费用 | 与业务系统集成<br>缩短作业时间<br>及早发现错误<br>提高数据传输可靠性 | 提高整体竞争力 |
| 参与人员 | 作业人员 | 业务主管 | 决策主管 |
| 引入时间 | 1 个月 | 2～4 个月 | 1 年 |
| 软硬件投入 | 计算机 | 管理信息系统 | 管理信息系统 |
| 初期成本 | 低 | 较低 | 高 |

### 4.3.1 配送中心的 EDI 应用

配送中心扮演了联结供应商与客户的角色,它对调节产品供需、缩短流通渠道、解决不经济的流通规模及降低流通成本发挥了极大的作用。图 4-5 显示的是配送中心的交易流程。在配送中心应用 EDI 具有以下益处:

(1) 在配送中心使用 EDI 传输数据,进行各种单据的接收,可以大大降低成本。

(2) 在配送中心使用 EDI 一次引入各单证,并与企业内部信息系统集成,可以逐步改善接单、配送、催款等作业流程。

(3) 在配送中心还可以借助 EDI 对企业流程进行再造。

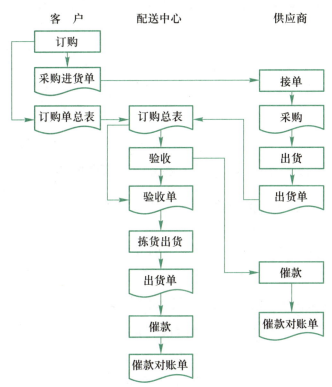

图 4-5 配送中心的交易流程

例如,某跨国公司采用的综合物流管理系统担负着其在华的全部物流服务功能,包括订单采集,进出货、退货、库存保管、库存盘点、流通加工、贴价格标签、按店铺分拣出货、指定到货港口、集装箱管理、出口商品报关及物流信息分析、查询等。在试运行期间单个仓储中心单日处理进出货订单达 2 000 个,系统进出货处理达到与母公司同等的物流服务水平,这都归功于系统的多仓储中心物流管理运作模式,和在这种运作模式下采用的即时 EDI 通信方式,保证了在低成本费用的情况下实现信息中心和各仓储中心之间信息及时、准确的交换。

### 4.3.2 制造商的 EDI 应用

制造商通过 EDI 可以实现与其交易伙伴间的接单、出货、催款及收款作业,其间往来的电子单据包括采购单、出货单、催款对账单及付款凭证等。

(1) 制造商引入 EDI 数据传输方式,接收客户传来的 EDI 订购单报文,将其转换成企业内部的订单形式,从而不需要为配合不同供应商而使用不同的电子订货系统,也不需要重新输入详细的订单数据,节省人力和时间,同时减少人为输入错误。

(2) 制造商引入 EDI 方式改善作业流程,可以与客户合作,一次引入电子化采购单、出货单及催款对账单,并与企业内部的信息系统集成,逐渐改善接单、出货、对账及收款作业流程。

(3) 制造商引入 EDI 转账系统,由银行直接接收 EDI 汇款再转入制造商的账户内,这样可以加快收款工作,提高资金运用的效率。

### 4.3.3 批发商的 EDI 应用

批发商的相关业务包括向客户提供商品以及向供应商采购商品。
(1) 批发商引入 EDI 数据传输方式,可以降低成本。
(2) 批发商采用 EDI 方式,逐步引入各项电子单证,并与企业内部信息系统集成,可以逐步改善接单、出货、催款的作业流程,或订购、验收、对账、付款的作业流程。

相对于传统的订货和付款方式,批发商的 EDI 应用大大节约了时间和费用。相对于互联网方式,EDI 较好地解决了安全保障问题。这是因为,使用者均有较可靠的信用保证,并有严格的登记手续和准入制度,加上多级权限的安全防范措施,从而实现了包括付款在内的全部交易工作信息化。

### 4.3.4 运输商的 EDI 应用

运输商主要包括托运方、收货方、承运公司(铁路、内河、公路)、装卸公司、集装箱联运人、班轮公司等。这些部门实际承担货物运输业务,相关业务包括:理货、装船及卸货,集装箱海洋运输以及货物的内陆、内河运输或铁路运输等。

运输商的运作依赖于和运输各有关部门之间的信息交换。EDI 作为便利信息交换的一种新技术给运输部门带来了以下益处:

### 1. 提高运输速度

提高运输速度是运输商的重要目标,应尽可能消除不必要的延误。由于内陆运输方要一直等到拿到单据后才能装卸货物,而码头则必须等海关处理好文件后才能让船舶起航,因此使用 EDI 技术可提高有关部门传输文件的速度,使得运输各方大大降低等待成本,从而提高了运输企业的综合竞争力。

### 2. 减少文件处理费用

使用 EDI 技术后,由于减少了数据重复输入,数据输入错误也相应减少,因此有关运输的信息可以更加完整、可靠,同时也可减少文件处理费用。

### 3. 更好的供应链管理

对运输商来说,应用 EDI 所带来的更重要的益处是可以事先对运输活动做出计划。及时、准确的信息交换可以使运输商对运输活动做出科学合理的安排。临时安排的减少也使管理费用得以减少。例如,在船舶到达以前,码头可以准确地知道装卸货物的品种和数量,从而可以对装卸操作做出安排,并保证不出现货物的溢装或短装现象。

### 4. 提高存货管理效率

周密合理的计划和管理可以减少库存。在大多数情况下,EDI 的引入必将引起通信流再设计,随之将引起实际运输过程再设计,这能够优化库存管理。

### 5. 更好的客户服务:跟踪服务

应用 EDI 可使运输商及时为客户提供有关部门货物运输的各种信息,如所在位置、运输时间,等等,大大方便了客户,并进一步增强了运输商的竞争实力。

图 4-6 是供应商和运输商之间 EDI 电子货运订单自动处理系统示意图。

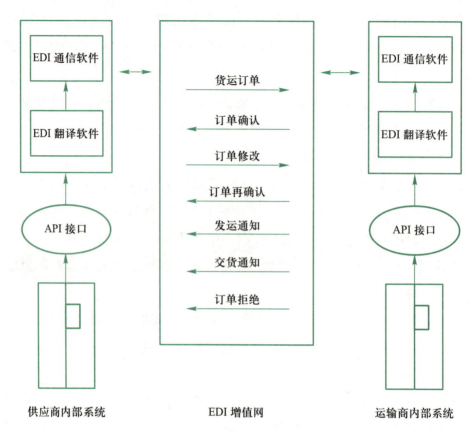

供应商内部系统　　　　　　　　EDI 增值网　　　　　　　运输商内部系统

图 4 - 6　EDI 电子货运订单自动处理系统

本章主要介绍物流 EDI 的概念，EDI 系统的构成要素，EDI 软件的操作，EDI 在物流业的应用，包括 EDI 系统在配送中心、制造商、批发商、运输商等物流相关企业中的应用。

### 检查与思考

1. 什么是 EDI？什么是物流 EDI？
2. 试述 EDI 技术在物流行业的应用。

# 第5章 全球卫星导航系统与 GIS 技术

## 学习目标

1. 了解全球卫星导航系统与 GIS 在物流领域中的应用;
2. 掌握全球卫星导航系统与 GIS 的定义、特点及系统的组成;
3. 了解全球卫星导航系统软件的功能。

## 案例导入

宅急送于 1994 年成立以来,在全国建立了 3 000 多个经营网点,网络覆盖全国 2 000 多个城市和地区。依托成熟的快运平台,宅急送每年进出港货物逾亿件,真正做到了物畅其流,货通天下。

对于客户来说,宅急送提供了简便的网上查询服务。这种增值服务正是基于通信技术的进步、全球卫星导航系统(global navigation satellite system, GNSS)和地理信息系统(geographic information system,GIS)技术的逐步成熟。客户通过公司网站输入注册号和订单号,由服务器发送给监控程序,监控端呼叫对应的全球卫星导航系统车载单元,全球卫星导航系统车载单元收到信息后,便可回送当前位置信息,监控端根据返回的坐标位置信息在电子地图上定位,最终以地图图像的形式通过互联网发送给客户端。

对于公司的车辆跟踪管理而言,车载终端将当前位置和速度信息及时传输给监控调度中心,通过全球卫星导航系统调度监控系统调度员能及时掌握当前车辆的运行状况,实现动态管理。

 **想一想:**

物流企业如何应用全球卫星导航系统和 GIS 提高服务质量和效率,

降低运营成本？为什么在全国运输行业空载率很高的情况下，宅急送可以做到车辆的动态管理并实现最佳效能？全球卫星导航系统、GIS 究竟有何特点？

# 5.1　解读全球卫星导航系统

## 5.1.1　什么是全球卫星导航系统

全球卫星导航系统是指能在地球表面或近地空间的任何地点为用户提供全天候的三维坐标、速度以及时间信息的空基无线电导航定位的系统。

现在全球有四大卫星导航系统，包括中国的北斗卫星导航系统、美国的全球定位系统（global positioning system，简称 GPS）、俄罗斯的格洛纳斯卫星导航系统和欧盟的伽利略卫星导航系统。下面着重介绍北斗卫星导航系统。

## 5.1.2　北斗卫星导航系统

北斗卫星导航系统是中国自行研制的全球卫星导航系统，是中国着眼于国家安全和经济社会发展需要，自主建设、独立运行的卫星导航系统，可为全球用户提供全天候、高精度的定位、导航和授时服务。

1. 北斗卫星导航系统的组成

北斗卫星导航系统由空间段、地面段和用户段三部分组成，空间段由空间数据处理中心、导航定位系统、低轨 DCS 星座、遥感探测系统组成；地面段包括接收站网、运控中心、管理服务平台、地面栅格信息网、数据处理中心等；用户段包括微小型终端、固定终端、移动终端等（图 5-1）。

2. 北斗卫星导航系统的应用

随着北斗系统建设和服务能力的发展，相关产品已广泛应用于交通运输、海洋渔业、水文监测、气象预报、测绘地理信息、森林防火、通信、电力调度、救灾减灾、应急搜救等领域。同时，基于北斗的导航服务已被电子商务、移动智能终端制造、位置服务等厂商采用，广泛进入中国大众消费、共享经济和民生

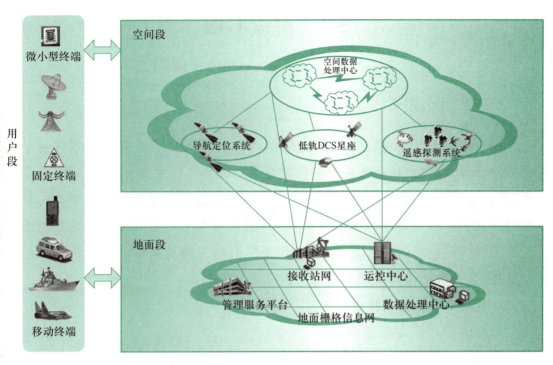

图 5-1  北斗卫星导航系统的组成

领域。随着 5G 商用时代的到来,北斗正在与新一代移动通信、区块链、人工智能等新技术加速融合,北斗应用的新模式、新业态、新经济不断涌现,深刻改变着人们的生产生活方式,为全球经济和社会发展注入新的活力。

3. 北斗卫星导航系统的特点

一是北斗系统空间段采用三种轨道卫星组成的混合星座,与其他卫星导航系统相比高轨卫星更多,抗遮挡能力强,尤其低纬度地区性能特点更为明显。

二是北斗系统提供多个频点的导航信号,能够通过多频信号组合使用等方式提高服务精度。

三是北斗系统创新融合了导航与通信能力,具有实时导航、快速定位、精确授时、位置报告和短报文通信服务五大功能。

# 5.2　解读 GIS

## 5.2.1　什么是 GIS

GIS 是指在以空间数据为基础,采用地理模型分析方法,实时提供多种空间的地理信息,为地理决策服务的信息技术系统。它作为集计算机科学、地理学、测绘遥感学、环境科学、城市科学、空间科学、信息科学和管理科学为一体的新兴边缘学科而迅速兴起和发展起来,通常称为地理信息系统。地理信息系统中"地理"的概念并非指地理学,而是广义地指地理坐标参照系统中的坐标数据、属性数据以及以此为基础而演绎出来的知识。

GIS 具备以下基本特点:

1. 公共的地理定位基础

所有的地理要素,要按经纬度或特有的坐标系统进行严格的空间定位,才能使具有时序性、多维性、区域性特征的空间要素进行复合和分解,将隐含其中的信息变为显性表达,形成空间和时间上连续分布的综合信息,支持空间问题的处理与决策。

2. 标准化和数字化

将多信息源的空间数据和统计数据进行分级、分类、规格化和标准化,使其适应计算机输入和输出的要求,便于进行社会经济和自然资源、环境要素之间的对比和相关分析。

3. 多维结构

多维结构具有信息存储、更新和转换能力,可为决策部门提供实时显示和多层次分析的方便。

4. 具有丰富的信息

GIS 数据库中不仅包含丰富的地理信息,还包含与地理信息有关的其他信息,如人口分布、环境污染、区域经济情况、交通情况等。

## 5.2.2　GIS 的组成

GIS 是一个综合系统,主要由硬件、软件、数据、人员及方法五部分组成。

## 1. 硬件

硬件是 GIS 运行所必需的载体,主要是计算机设备,包括服务器、工作站、单机等。根据硬件配置规模的不同可分为简单型、基本型、网络型硬件系统。图 5-2 是一个典型的网络型 GIS 硬件系统。

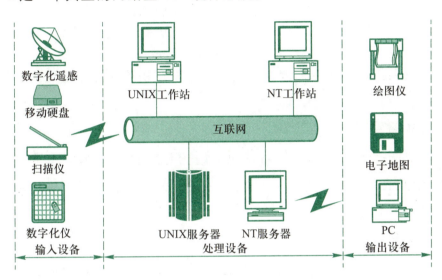

图 5-2 网络型 GIS 硬件系统

## 2. 软件

软件是 GIS 运行所必需的各种程序,主要由两部分构成:计算机系统软件和地理信息系统软件。地理信息系统软件提供存储、分析和显示地理信息的功能和工具。主要软件包括:输入和处理地理信息的工具;数据库管理系统工具;支持地理查询、分析和可视化显示的工具等。

## 3. 数据

数据是 GIS 系统最基础的组成部分,同时也是最重要的一部分。空间数据是 GIS 的操作对象,是现实世界经过模型抽象得出的实质性内容。

## 4. 人员

人是地理信息系统中重要的构成要素,一个完整的地理信息系统需要人进行组织、管理、维护和数据更新、系统扩充与完善以及应用程序开发,并采用空间分析模型提取多种信息。

## 5. 方法

方法主要是指空间信息的综合分析方法,即常说的应用模型。它是在对专业领域的具体对象与过程进行大量研究的基础上总结出的规律的表达。GIS 就是利用这些模型对大量空间数据进行分析综合来解决实际的问题。

# 5.3　全球卫星导航系统的功能

下面以某物流公司应用全球卫星导航系统在物流作业中实现的功能为例加以说明。

### 1. 快速查车

通过发送指令查找车辆位置信息后,把相应的信息(车辆位置、速度、方向)动态显示在系统所带的电子地图上。在有任务执行时,可以在地图上显示当前车辆执行的任务信息。

### 2. 车辆监控

通过实时的方式在电子地图上监控车辆的运行,可在地图上显示车辆的运行轨迹,一次可查看单辆或多辆或全部车辆。

### 3. 轨迹回放

系统中的车辆只要进行过监控就可以在事后通过轨迹回放方式查看和了解车辆的运行轨迹。回放可以使用本地监控过的数据回放,也可以从平台下载数据回放,根据用户需求可以按用户指定时间定时下载前一天的数据。

### 4. 速度报警(超速报警)

可以对车辆进行报警速度设定,当车辆行驶速度超过设定的报警速度后,车载终端会主动向平台发送超速信息,便于对车辆进行管理。

### 5. 车载电话

车载终端带有通话功能,车载移动电话可以像普通手机一样通过耳机拨打电话,并可对电话拨打进行限制(禁止、允许、允许特定电话等)。

### 6. 短信调度

系统中车载终端可以向所属用户端软件(全球卫星导航系统调度中心软件)发送预设的调度文字。全球卫星导航系统调度中心也可向车载终端发送包含任何信息的调度信息,从而实现对车辆的调度。操作界面如图 5 - 3 所示。

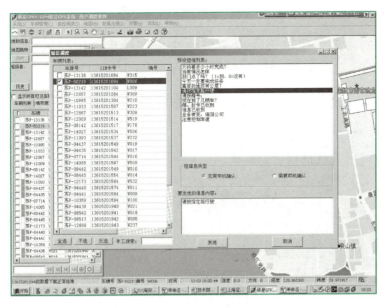

图 5 - 3　车辆调度

### 7. 短信发送地查看与校验

系统中收到车载终端发送的短信时都会记录发送地点,在系统中可以随时查看发送短信时车辆所在的位置点(在地图上)。

### 8. 车辆查找与调度

可以通过全球卫星导航系统应用软件查找特定位置附近的所有车辆,同时系统也记录车辆是否空载的信息,查找指定范围内的空载车辆并发送调度信息到选定的车辆。

### 9. 行驶路程测量

系统利用车载终端的行驶记录功能和精确的实时轨迹来准确计算车辆等移动目标的行驶里程,按每天每辆车的行驶里程统计并打印表格,同时支持每辆车多天行驶里程的统计。

### 10. 单车速度曲线查看

可以打开新的窗口查看一辆车在一次运行中(也可为之指定一段时间)的速度曲线,并对超速次数进行统计、打印。

### 11. 定点查询

查询指定车辆在指定时间内的位置。时间可为几年前的一个指定时间段,可跳转到地图上查看。

#### 12.停车时间统计

对特殊的用户可在轨迹回放中统计并打印指定时间段内的停车时间,如图 5 - 4 所示。

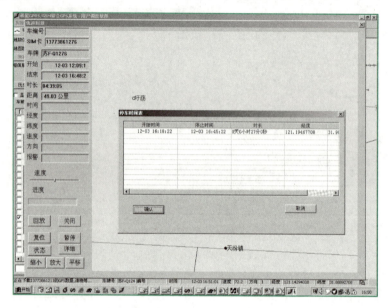

图 5 - 4   停车时间统计

#### 13.分级管理功能

通过用户分级管理可以做到:各地分中心只能查询本地的在线移动信息,省公司主控中心能查询全省入网车辆的定位信息,并能在地市或县级分中心需要查看时授权其查询相关车辆信息。

#### 14.区域报警(电子围栏)

可在地图上设定区域,车辆进出该区域都会报警。

#### 15.断电报警

车载终端带有备用电池,断电后可以自动将断电报警信息发送至监控中心。

# 5.4   全球卫星导航系统和 GIS 在物流领域的应用

## 5.4.1   全球卫星导航系统在物流领域的应用

在物流行业的货物运输过程中,为了加强对车辆和货物的合理调度以及跟踪管理,经常需要确切知道在途车辆的位置。在没有使用全球卫星导航系统前,常用的方法是通过无线电设备直接联系司机,了解所处的位置,司机只能根据自己的判断说出车辆目前所在的大致位置。如果出现意外情况,比如通信系统故障,或在生疏的地方或夜间则很难及时确定方位,因此大大增加了货运管理的难度。全球卫星导航系统的定位功能使这些问题迎刃而解,它给车辆、轮船、飞机等交通工具提供了精确、实时的定位。比如,通过车载导航信号接收机,驾驶员可以随时知道自己的具体位置,并通过车载电台将定位信息发送给调度中心,调度中心就可以及时掌握各个车辆的具体位置,并在电子地图上显示出来。

下面介绍车辆全球卫星导航系统定位管理系统,该系统由两个部分组成:监控中心部分和车载部分。该系统主要是通过车载导航系统自动定位,结合无线通信系统对车辆进行调度管理和跟踪。

1. 监控中心的主要功能

通过监控中心部分可实现以下几项主要功能:

(1) 跟踪功能。一种显示方式是数字显示,即将移动车辆的实时信息(如车号、经度、纬度、速度、航向、时间、日期等)以帧列表的方式显示;另一种是图上显示,即将移动车辆的定位信息在相应的电子地图背景上复合显示,还可以提供运行轨迹描绘的功能。

(2) 模拟显示功能。可以将已知的目标位置信息输入计算机并显示出来。

(3) 通信功能。采用文本、代码或语音等方式与移动车辆通信,实现调度指挥。

2. 车载部分的主要功能

(1) 定位信息的发送功能。导航信号接收机进行实时定位并将定位信息通过电台发至监控中心。

(2) 调度命令的接收功能。接收监控中心发来的调度指挥命令,在显示单元显示出来或发出声音。

(3) 数据显示功能。将自身车辆的实时信息在显示单元显示出来。

(4) 报警功能。一旦出现紧急情况,驾驶人员启动报警装置,监控中心立即显示出车辆情况、出事地点、车辆人员等信息。

（5）出行路线规划和导航功能。包括自动线路规划和人工线路规划。自动线路规划是由驾驶者确定起点和目的地,由计算机软件按要求自动设计最佳行驶路线,包括最快的路线、最简单的路线、通过高速公路路段次数最少的路线等的设计。人工线路设计是由驾驶者根据自己的目的地设计起点、终点和途经点等,自动建立线路库。线路规划完毕后,显示器能够在电子地图上显示设计线路,并同时显示车辆运行路径。

### 5.4.2　GIS 在物流领域的应用

GIS 的基本功能是将表格型数据转换为地理图形显示,然后对显示结果进行浏览、操作和分析。目前,GIS 在物流方面的应用主要体现在 GIS 在智能运输系统中的应用。GIS 强大的地理数据功能为实现物流数据分析提供了强有力的支持。一个完整集成 GIS 的智能运输系统一般可实现如下功能:

1. 车辆和路线最优化

在一个起点到多个终点的货物运输中决定使用多少辆车,确定每辆车的最优路线等。

2. 节点间配送最优化

在由多个物流节点组成的网络中,寻求最有效的配送货物路径,如将货物从 N 个仓库运往 M 个商店,每个商店都有固定的需求量,因此需要确定由哪个仓库提货送给哪个商店所耗的运费最少。

3. 分配集合功能

可以根据各个要素的相似点把同一层上的所有或部分要素分为几个组,用以解决确定服务范围和销售市场范围等问题。如某公司要设立 X 个分销点,要求这些分销点覆盖某一地区,而且要使每个分销点的顾客数目大致相等。

4. 节点定位功能

根据供求的实际需要并结合经济效益等原则,在既定区域内确定一个或多个节点的位置及规模,以及节点之间的流量等问题。

在现阶段,全球卫星导航系统与 GIS 技术通常一起使用,应用在物流行业的配送、运输环节中,以达到路径最优化、成本最低化的目标,并可以实现车辆定位、导航、追踪,货物追踪等功能。

**本章小结**

　　本章主要介绍全球卫星导航系统(GNSS)与地理信息系统(GIS)的概念,讲解 GIS 系统的组成及其功能,全球卫星导航系统的概念,北斗卫星导航系统的组成、应用和特点,以及全球卫星导航系统软件的功能,全球卫星导航系统、GIS 技术在物流领域的应用。

**检查与思考**

　　1. 北斗卫星导航系统具有哪些特点?

　　2. 北斗卫星导航系统包括哪几部分? 应用在哪些领域?

　　3. GIS 系统由哪些部分组成? 有哪些功能?

　　4. 全球卫星导航系统、GIS 技术在物流领域的应用如何?

# 第6章 云计算与大数据技术

## 学习目标

1. 了解云计算的定义、特点与架构；
2. 了解大数据的定义、特征、处理流程与关键技术；
3. 了解云计算与大数据在物流领域中的应用。

## 案例导入

UPS 因高效闻名世界，5 个工作日在全球的送件量就能达到 15.8 亿件。而保证 UPS 完成这海量派件量的奥秘，并不是什么新技术，而是公司在 2004 年就启用的一项新政策——去往任何目的地的车辆在行驶时应尽量避免左转。

此后，UPS 的司机会宁愿绕个圈也不往左转，听着有些荒唐，因为不左转而绕远路的费时和耗油真的可以忽略不计吗？而根据 2010 年的数据显示，因为执行尽量避免左转的政策，UPS 货车在行驶路程减少 2.04 亿千米的前提下，多送出了 35 万件包裹，减少了 2 万吨二氧化碳的排放。

事实上，UPS 是基于城市车流数据分析而提出右转的线路图，其实也是一份针对公共交通环境提出的优化解决方案，既可以让每一辆车自觉扮演维持马路秩序的角色，又可以在不增加成本、反而提高效率的前提下，一定程度上减少汽车尾气排放。

> 🛈 想一想：
>
> 大数据分析的重要性是什么？除了线路优化你还能想到哪些大数据分析带来的价值？

# 6.1 解读云计算

## 6.1.1 什么是云计算

云计算(cloud computing)是分布式计算的一种,指的是通过网络"云"将巨大的数据计算处理程序分解成无数个小程序,然后通过多部服务器组成的系统处理和分析这些小程序,得到结果并返回给用户。早期所说的云计算就是简单的分布式计算,解决任务分发,并进行计算结果的合并,因此云计算又称为网格计算。通过这项技术,可以在很短的时间内(几秒钟)完成对大量数据的处理,从而提供强大的网络服务。

而现阶段所说的云服务已经不单单是一种分布式计算,而是分布式计算、效用计算、负载均衡、并行计算、网络存储、热备份冗杂和虚拟化等计算机技术混合演进并跃升的结果。

云计算的核心是以互联网为中心,在网站上提供快速且安全的云计算服务与数据存储,让每一个使用互联网的人都可以使用网络上的庞大计算资源与数据中心。

## 6.1.2 云计算的特点

1. 规模大

云计算系统是由一定规模的多个节点组成的 IT 系统,系统规模几乎可以无限扩大。

2. 虚拟化

用户在云计算服务中所请求的资源来自虚拟平台,且资源也为虚拟资源,而不是固定的有形实体,用户不用担心使用服务的时间、位置,同时用户可使用各种终端获取服务。

3. 可扩展

云计算可以在原来服务器的基础上通过增加功能模块提升运算能力,实现动态扩展,满足应用和用户规模变化的需求。

### 4. 可靠性高

由于在云计算中,单点服务器出现故障可以通过虚拟化技术将分布在不同物理服务器上的应用加以恢复或利用动态扩展功能部署新的服务器,故使用云计算比使用本地计算机可靠。

### 5. 按需部署

不同的应用对应的数据资源库不同,而云计算平台能够根据用户的需求快速配备计算能力及资源。

### 6. 灵活性高

云计算具有非常强的兼容性,可以兼容低配置机器、不同厂商的硬件产品等。

### 7. 性价比高

将资源放在虚拟资源池中统一管理,用户不再需要昂贵、存储空间大的主机,可以选择相对廉价的 PC 组成云,一方面减少费用,另一方面计算性能不逊于大型主机。

### 8. 通用性

云计算不针对特定的应用,在“云”的支撑下可以构造出不同的应用,同一个“云”可以同时支撑不同的应用运行。

## 6.1.3  云计算平台架构

云计算平台架构可以分为服务请求管理、业务支持系统、服务发布系统、运行支持系统、云计算服务模块、硬件虚拟以及物理设备七个部分。

### 1. 服务请求管理

该模块以门户系统的形式为用户提供云计算平台的使用接口,用户可以在客户端登录平台,查询所需要的服务,提交服务请求。该模块主要包含云平台门户系统、服务目录、服务控制台、用户自主服务、订单管理五大功能。

(1)云平台门户系统:是使用云平台的统一入口,将各种服务通过门户提供给用户及管理者,具体功能包括:自服务管理界面、服务请求、用户管理、订单管理、计费／结算／积分管理等。

(2)服务目录:主要是列举平台所能提供的各种服务,以供用户查询,主要功能包括服务目录的展示、浏览／检索服务、选择查看服务、服务信息展示及选择计费服务等。

（3）服务控制台：云计算平台上的不同服务拥有不同的操作功能，可通过服务控制台分别进行控制。

（4）用户自主服务：用于支撑用户对其个人相关信息进行管理，主要功能包括用户个人信息管理、用户密码修改、用户角色及权限管理等。

（5）订单管理：对用户下达的订单进行管理及跟踪，动态掌握订单的进展和完成情况，提升工作效率，节省工作时间。

2. 业务支持系统

该模块为企业云平台的日常业务运行提供支持，具体功能有客户关系管理、服务的使用计费以及费用结算等。

3. 服务发布系统

该模块用于支撑平台服务的规划、开发、测试、上线等。

4. 运行支持系统

该模块用于支撑企业云平台的基本运行，包括硬件资源的管理、按需配置、动态部署等，还应提供数据的容灾备份、系统的运行监控等服务。

5. 云计算服务模块

该模块是云平台最终向用户提供服务的模式，通常为基础架构即服务、平台即服务及软件即服务三种模式。

6. 硬件虚拟化

该模块是云平台的核心部分，将各硬件资源通过虚拟化技术组建为虚拟资源池，进行统一管理，并提供给最终用户。

7. 物理设备

物理设备是指构建云平台的底层硬件资源，主要有服务器、存储、网络等基础设施。

# 6.2  解读大数据

## 6.2.1  什么是大数据

大数据是指无法在一定时间范围内用常规软件工具进行捕捉、管理和处理的数据集合,是需要新处理模式才能具有更强的决策力、洞察发现力和流程优化能力的海量、高增长率和多样化的信息资产。

### 6.2.2  大数据的特征

**1. 大体量**

数据的规模可以尽可能放大,而数据的规模大小决定所考虑的数据的价值和潜在的信息。

**2. 多样化**

大数据包括各种格式和形态的数据,即数据类型多样化。

**3. 时效性**

数据可以在较小的时间限度得到及时处理。

**4. 准确性**

大数据处理的结果能够保证一定的准确性。

**5. 大价值**

合理运用大数据,可以低成本创造高价值。

**6. 复杂性**

数据量巨大,来源多渠道,数据复杂性高。

**7. 可变性**

大数据的可变性会影响处理和有效地管理数据的过程。

### 6.2.3  大数据处理的流程

大数据处理的过程一般包括数据抽取与集成、数据处理与分析、数据解释三个部分,如图 6-1 所示。

全部关系数据 → 数据抽取与集成 → 原始数据 → 数据处理与分析 → 分析结果 → 数据解释

图 6-1  大数据处理过程

**1. 数据抽取与集成**

因大数据处理的数据来源类型多样化,所以大数据处理的第一步是对分布的数据(如关系数据、平面数据文件等)进行抽取、清洗、转换和集成,从中提取出关系和实体,经过关联和聚合等操作,按照统一定义的格式对数据进行存储。

2. 数据处理与分析

通过数据抽取和集成获得的大数据处理的原始数据,用户可以根据自己的需求对这些数据进行分析处理,比如机器学习、数据挖掘、数据统计等,数据分析可以用于决策支持、商业智能、推荐系统、预测系统等。数据处理与分析是大数据处理流程的核心步骤。

3. 数据解释

对于数据处理与分析的结果要通过合适的展示方式才能被终端用户正确理解,如图表形式、交互体验形式等。

### 6.2.4 大数据处理关键技术

依据大数据处理的过程,可以将大数据处理的关键技术分为数据抽取与集成技术、数据存储与管理技术、数据处理与分析技术、数据解释技术、数据隐私和安全技术,具体说明见表 6-1。

表 6-1  大数据处理关键技术及说明

| 关键技术 | 相关说明 |
| --- | --- |
| 数据抽取与集成技术 | 现有的数据抽取与集成方法有三种,分别是基于物化或 ETL 方法的引擎、基于联邦数据库或中间件方法的引擎、基于数据流方法的引擎 |
| 数据存储与管理技术 | 利用分布式文件系统、数据仓库、关系型数据库、非关系型数据库、云数据库等,实现对结构化、半结构化和非结构化海量数据的存储与管理 |
| 数据处理与分析技术 | 利用分布式并行编程模型和计算框架,结合机器学习和数据挖掘算法等,实现对海量数据的处理和分析 |
| 数据解释技术 | 可视化和人机交互是数据解释的主要技术:可视化技术可以将处理的结果通过图形的方式直观地呈现给用户,标签云等是常用的可视化技术工具;人机交互技术可以引导用户对数据进行逐步的分析,使用户参与到数据分析的过程中,深刻地理解数据分析结果 |

续表

| 关键技术 | 相关说明 |
| --- | --- |
| 数据隐私和安全技术 | 从大数据中挖掘潜在的巨大商业价值和学术价值的同时,构建隐私数据保护体系和数据安全体系,有效保护企业或个人隐私及数据安全 |

### 6.2.5　大数据时代的变革

大数据时代带来的思维变革主要有数据分析样本的变革、对获取数据精确度要求的变革以及对数据关系应用的变革。

1. 数据分析样本的变革

随机抽取样本的数据分析是要用尽量少的数据得到更可靠的信息,而随着大数据技术产生,人们可以分析更多的数据,甚至可以分析与某个现象相关的所有数据,这样就弥补了随机抽样分析精准度不足的问题,未来的数据分析将分析与事物相关的所有数据,而不是仅分析少量的样本数据。

2. 对获取数据精准度要求的变革

大数据分析通常用概率来展示,大数据的简单算法比小数据的精准算法更有效,这就不需要担心某个数据点对整套分析的不利影响,未来需要接受纷杂的数据并从中受益,而不是以高昂的代价消除所有不确定性。

3. 对数据关系应用的变革

大数据应用相关关系而非因果关系,相关关系通过识别有用的关联来分析某一现场,数据获取只要与这一现象相关即可,相关关系没有绝对,只有可能性。而因果关系很多时候是靠直觉,且因果关系的证明要求单一变量实验,实施难度较大。大数据时代,将从探求难以捉摸的因果关系转为关注事物的相关关系。

## 6.3　云计算与大数据的关系

从商业角度来看,云计算是以分布式存储和分布式计算等为基础,将计算能力作为一种小颗粒的服务提供给用户,用户可以根据自己的需求进行购买,云计算可以根据用户需求做到自主分配,且可以动态扩展,并保障使用质量,专注于服务。而大数据在技术上必须依托分布式架构,利用计算机集群来处理大批量的数据,关注如何将数据分发给不同的计算机进行储存和处理,以提升处理速度与质量,专注于数据价值。由此可以将二者关系归纳为以下两点:

(1) 云计算可以为大数据提供技术基础。

(2) 大数据可以作为云计算平台的一种服务,丰富云平台的服务能力。

# 6.4 云计算与大数据的应用

## 6.4.1 云计算的应用

云计算在物流领域的应用主要表现为软件即服务、共享平台和云储存服务三个方面。

1. 软件即服务

随着"互联网+"物流的推出,软件即服务的商业模式得到大范围的普及,很多物流企业为节约成本,不自主开发或购置信息管理相关软件,而采用在云平台租赁相应的软件,不仅不用企业本身设置信息技术部门,而且有可能通过软件实现同行业间的信息交流。

2. 共享平台

通过云计算可以建立一个相互交流和数据共享的平台,可进行物流企业之间交流与资源共享,如生产力与溢出业务共享,实现物流大环境中业务与生产力的均衡;也可以进行物流企业内部信息共享,可以更方便地打破部门间的交流壁垒,如云办公;同时也可进行上下游企业间的信息共享,有效实现信息的传递,一定程度上解决供应链上下游信息不流畅的问题。

3. 云存储服务

云存储服务已经在企业间得到广泛的应用,物流企业可以租赁云服务器,相对于传统数据存储系统,云存储不仅具有备份和恢复功能,数据安全上得到了保障,并且可以减少企业在软硬件设施上的投资。

### 6.4.2　大数据的应用

在物流行业,大数据应用主要体现在车货匹配、运输/配送路线优化、库存预测、设备修理预测、供应链协同管理、智能作业等方面。

#### 1. 车货匹配

通过对运力池进行大数据分析,公共运力的标准化和专业运力的个性化需求之间可以进行良好的匹配。通过对货主、司机和任务的精准画像,可实现智能化定价、为司机智能推荐任务和根据任务要求指派配送司机等。具体来讲,大数据应用会根据任务要求,如车型、配送千米数、配送预计时长、附加服务等自动计算运力价格并匹配最符合要求的司机,司机接到任务后按客户的要求提供高质量的服务。在司机方面,大数据应用可以根据司机的个人情况、服务质量、空闲时间为其自动匹配合适的任务,并进行智能化定价。基于大数据实现车货高效匹配,不仅能减少空驶带来的损耗,还能减少污染。

#### 2. 运输/配送路线优化

通过运用大数据对运输/配送相关数据进行处理分析,物流车辆运输/配送行车路径被最短化、最优化定制。大数据系统可实时分析 20 万种可能路线,3 秒找出最佳路径,配送人员不需要自己思考配送路径是否最优。

#### 3. 库存预测

运用大数据分析商品品类,系统会自动分解用来促销和用来引流的商品;同时,系统会自动根据以往的销售数据进行建模和分析,以此判断当前商品的安全库存,并及时给出预警,而不再是根据往年的销售情况来预测当前的库存状况。总之,使用大数据技术可以降低库存存货,从而提高资金利用率。

#### 4. 设备修理预测

物流公司使用预测性分析来检测自己的车队和物流设备,可以及时地进行防御性的修理。可以监测车辆和物流设备的各个部位,只需要更换需要更换的零件,从而大大节省了成本。

#### 5. 供应链协同管理

随着供应链变得越来越复杂,使用大数据技术可以迅速、高效地发挥数据的最大价值,集成企业所有的计划和决策业务,包括需求预测、库存计划、资源配置、设备管理、渠道优化、生产作业计划、物料需求与采购计划等,这将彻底变革企业市场边界、业务组合、商业模式和运作模式等。

6. 智能作业

在大数据技术的支持下,物流流域在智能化作业方面得到了大的发展,如依据大数据技术实现了智能入库管理、智能拣选、智能随机存储、智能分仓、智能调拨等。

本章介绍了云计算的概念、特征、架构,大数据的概念、特征、处理流程、关键技术与大数据时代的变革,其次介绍了云计算与大数据的关系,最后描述了云计算与大数据在物流领域的相关应用。

1. 云计算有哪些特点?

2. 大数据有哪些关键技术?

3. 云计算与大数据应用在物流哪些领域?

# 第三篇

## 系 统 篇

# 第7章 物流信息系统

## 学习目标

1. 了解物流信息系统对现代物流中心的意义;

2. 掌握仓储管理系统(WMS)、运输管理系统(TMS)、计算机辅助拣货系统(CAPS)及无线射频信息系统(RF信息系统)的基本构架、功能模块及应用;

3. 学会WMS、TMS、CAPS、RF信息系统的功能模块操作。

## 案例导入

杭州富日物流是浙江省最具规模和现代化物流管理水平的综合性第三方物流企业。目前,富日物流为各客户处理的商品金额达2.5亿元,并增加了6万平方米的仓储容量,每天储存的商品金额达10亿元左右。

面对如此海量的操作,富日物流自2001年开始引入全新的物流信息系统。该系统具有集中式运行、分布式操作的特点,使得应用系统的部署和维护都集中在一台或少数几台服务器上,大大降低了系统的维护成本,也减少了因为客户端软件感染病毒等原因带来的损失。同时,由于该系统的客户端采用标准的浏览器,使得对系统的操作非常方便,降低了学习和使用的难度,培训费用也明显降低。富日物流信息系统的基本结构如图7-1所示。

富日物流第三方物流信息系统以赛龙仓储管理子系统以及赛龙运输管理子系统为核心。其中,仓储管理子系统提供收货通知、收货作业、入库作业、出货通知、拣货作业、出货作业、库存查询、盘点、移仓、流通加工、库存调整、各类作业计费、库存报表统计等管理功能。除可以满足物流企业日常的出入库、拣货包装和库存管理控制等仓储业务需求外,还有助于企业对仓库作业流程的重组与调整,减少作业中的出错率,降低成本,不断提升企业生产力和客户服

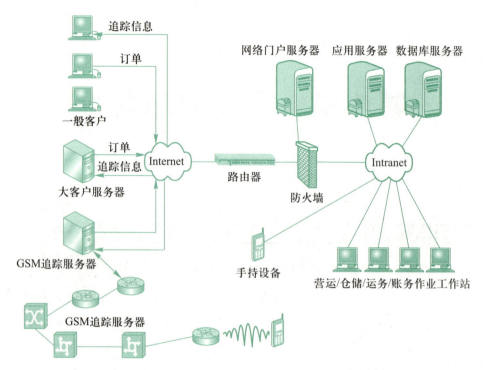

图 7-1　富日物流信息系统基本结构

务水平。另外,系统还支持条码、RFID、手持设备的无纸化作业,能够通过 RF 技术进行实时物况跟踪,以及实时的订单处理、精确的仓库活动监控与确认,从而有效地对仓库和供应链进行管理与控制。而运输管理子系统则提供托运单、承运单、自动排车、回单处理、承运计费、成本核算、运输报表统计等功能。系统可以完成对运输网络中运输任务、资源控制、状态跟踪等信息的管理。通过使用该系统,改变了手工作业效率低、准确性差、反应迟缓的状况,满足了客户日益增长的需求。

　　通过使用物流信息系统,富日公司削减了人力成本,提高了劳动生产率、资源利用率和业务准确性,并能够精确、实时地掌握库存信息,有助于形成科学的作业计划与管理决策,使商品满足市场需求,并提高客户的满意度。

> 💡 **想一想:**
>
> 　　物流信息系统不仅是一个高效率的物流业务操作系统,同时也是一个高效率的管理系统。富日物流的成功证明了企业通过物流信息系统可以成功地对企业经营活动进行控制和管理。那么,现代化物流信息技术都包括哪些?怎样合理应用这些信息技术? 物流信息系统又具备哪些功能模块?

# 7.1　物流信息系统概述

物流信息系统是用于企业物流管理的信息系统,是物流信息管理的信息化支撑平台,具有物流信息的生成、加工、处理、存储、交换、控制等诸多功能。物流信息系统的含义第 1 章中已讲过,此处不再赘述。

现代物流中心的高效率、高质量、低成本运作必须以完善的物流信息系统为支撑。具体而言,一个完善、高效率的物流信息系统对现代物流中心的意义主要表现在以下几方面:

第一,物流信息系统是提高物流服务质量的保证。物流中心向社会提供的产品是一种无形产品——物流服务。只有服务质量好才能吸引客户。为了保证向用户提供高质量的物流服务,必须建立高速畅通、动态互联的标准化信息系统。如果信息流通不畅,就不可能全面、及时地了解物流服务需求,更难以达到对物流过程的合理、有效控制,就很难满足客户的要求。

第二,物流信息系统建设是提高现代物流中心服务效率的必要条件。现代物流服务的高效率与及时化主要表现为 5"R",即在适当的时间(right time)、将适当质量(right quality)的适当货物(right commodity)、在适当的地点(right place)送达适当的客户(right customer)。要达到这个目标必须对物流中心的信息实行系统化管理,对各种物流业务的相关数据进行电子化储存与管理,对各个物流环节产生的物流信息进行实时采集、分析、传递,并向货主提供各种作业明细信息及咨询信息,这对现代物流中心是相当重要的。

第三,物流信息系统建设是节约物流成本的重要途径。物流是工商企业"第三利润源泉",其中物流信息要素在挖掘物流领域利润中的作用尤为明显。许多国内外现代物流中心都建立了先进的信息系统,通过对商品信息的标准化操作,建立有关 ID 代码、条码或磁性标签等的参数体系,实现了对商品配送的自动化控制,节约了大量人力成本,提高了服务效率。网络化能够使物流中心通过电子订货系统(electronic ordering system,简称 EOS)和电子数据交换技术(EDI)与供应商或制造商及下游客户之间保持实时联系,从而大大增强了物流中心服务的灵活性。

# 7.2　仓储管理系统

## 7.2.1　仓储管理系统概述

仓储管理以及仓储作业管理系统一般统称为仓储管理系统(warehouse management system,简称 WMS)。仓储管理系统是指用来管理仓库内商品信息的软件系统,它的功能是单据打印和商品信息管理,对商品进行实时动态管理,为用户在制订生产和销售计划、及时调整市场策略等方面持续提供综合的参考信息。仓储管理的内容包括如下三个部分:

1. 仓储系统的布局设计

仓储系统布局设计是顶层设计,也是供应链设计的核心。它是把一个复杂纷乱的物流系统通过枢纽的布局设计改造成"干线运输＋区域配送"的模式,枢纽就是以仓库为基地的配送中心。在相应的信息系统设计中,表现为"联库管理"模式,分为集中式、分布式和混合式三类,其中配送中心的选择和设计是整个系统布局的关键。布局设计变化的适应性、通用性常会成为客户选择 WMS 的一个重要依据。

2. 库存最优控制

库存的最优控制部分要确定仓库的商业模式,即(根据上一层设计的要求)确定本仓库的管理目标和管理模式。如果是供应链上的一个执行环节,是成本中心,多以服务质量、运营成本为控制目标,追求合理库存甚至零库存;如果是独立核算的利润中心,则除了服务质量、运行成本外,更关心利润的核算,因此计费系统和客户关系管理成为其中极其重要的组成部分,因为计费系统体现了企业市场营销的战略和策略。

3. 仓储作业操作

仓储作业的操作是最基础的部分,也是所有 WMS 最具共性的部分,正因为如此,仓储作业操作的信息化部分成为 WMS 与其他管理软件如进销存、ERP 等相区别的标志。

先进的仓储管理系统可以根据现场情况变化的数据信息实时调整作业计

划,使整个作业计划安排达到最优。图 7 – 2 是物流中心典型的 WMS 系统硬件架构。图 7 – 3 是 WMS 系统的主业务图。

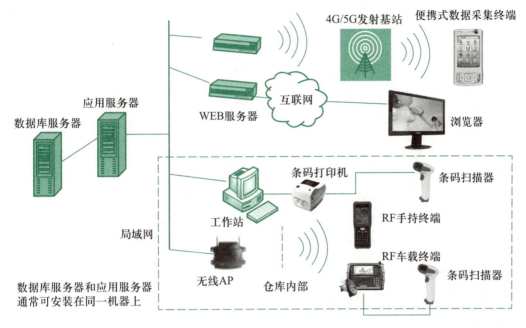

图 7 – 2　WMS 系统硬件架构

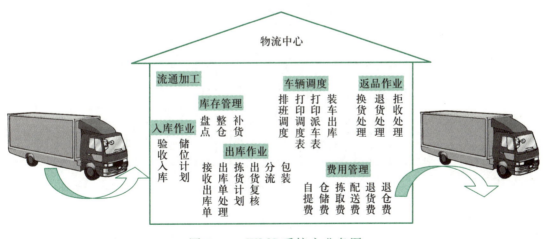

图 7 – 3　WMS 系统主业务图

## 7.2.2　仓储管理系统功能模块及其操作

从功能划分,一个基本的仓储管理系统主要包括基础资料、入库作业、费用管理、出库作业、库存管理、返品处理、数据通信、系统服务等模块,有的仓储

仓储管理
系统操作

管理系统包括车辆调度模块。下面针对这些基本模块,参照某软件公司开发的仓储管理系统进行详细的功能介绍。图 7-4 为仓储管理系统主功能模块图。

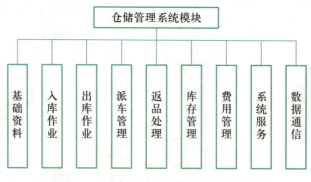

图 7-4　仓储管理系统主功能模块图

### 1. 基础资料模块

基础资料模块主要针对物流中心在作业过程中,涉及的上游供应商信息、下游消费者信息,以及支持商品流通的物流中心各类资源进行统一维护和管理。基础资料模块内容如图 7-5 所示。

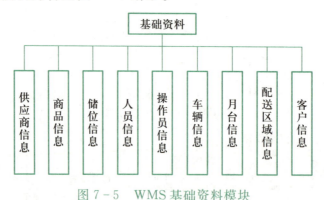

图 7-5　WMS 基础资料模块

(1) 供应商信息。此部分的作用主要是维护商品流通中供应商的基本信息,包括厂商名称、工厂地址、联系人、电话等信息。

① 增加供应商信息:

登录系统,进入仓储管理信息系统的主界面,如图 7-6 所示。

在基础资料模块中,点击[供应商信息]按钮,进入供应商信息界面,屏幕显示如图7-7所示。

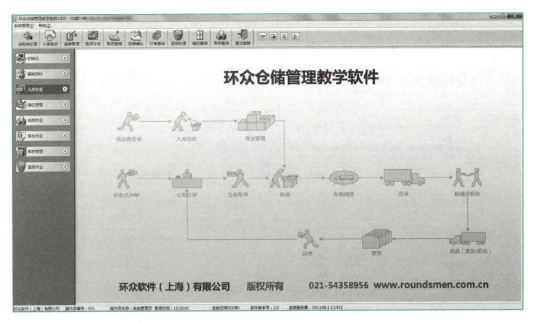

图7-6 WMS主界面

图7-7 供应商信息界面

在供应商信息界面中,点击[增加]按钮后,在对应的栏目中输入相关信息并保存,如图7-8所示。

② 删除供应商信息:

选中要删除的供应商信息,如图 7-9 所示。

点击[删除]按钮后再点击[确定]按钮即可。

图 7-8　增加供应商信息

图 7-9　删除供应商信息

③ 修改供应商信息:

选中要修改的供应商信息,并进行修改操作。

点击[修改]按钮后,输入资料并保存,如图7-10所示。

图7-10 修改供应商信息

④ 供应商查询:

点击[查询]按钮,在弹出的查询窗口中输入查询条件后点击[查询]按钮,如图7-11所示。

图7-11 查询供应商信息

确定查询并打开供应商记录。

(2) 商品信息。此部分主要对物流业务涉及的商品信息进行维护,包含商品的体积、重量、保质期、生产日期、所属供应商、商品属性等信息,并依据商品流通过程中的作业和追踪需要,设计如药品类的批号信息、酒类的随附单信息、贵重物品的 RFID 芯片信息,根据物品的自然属性,设计对应的存储仓库、安全库存信息等。商品信息界面如图 7 - 12 所示。

增加、删除、修改、查询等具体操作类似于供应商信息部分。

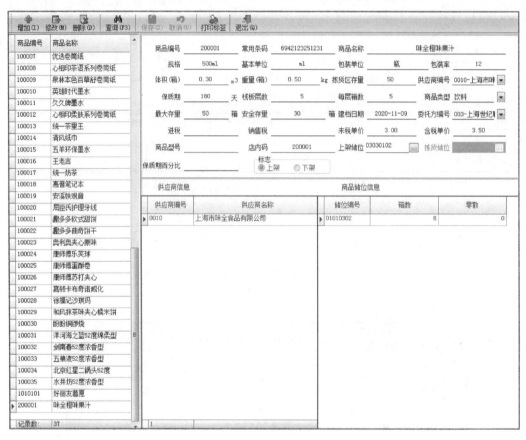

图 7 - 12　商品信息界面

(3) 储位信息。主要进行物流中心各仓库的对应货位存储信息的维护和管理,可完成储位的初始化工作和批量维护工作,并可维护储位对应的库别信息。

(4) 人员信息。维护物流中心内部从事各项具体物流业务的作业人员信息,包括人员的名称、性别、联系方式、所属部门等,所属部门如调度组、储运组、信息组、仓管组等。

(5) 操作员信息。维护物流中心可使用软件的操作人员信息,包括人员姓名、登录账户及其密码。

(6) 车辆信息。维护物流中心进行配送、运输任务的车辆基本资料,包括车辆的载重量、容积、车牌号、对应司机、送货员信息等。

(7) 月台信息。维护物流中心各个进出货月台的信息，既可作为供应商送货、卸货地点的管理依据，又可作为出货作业的集货点和出车配送时装车地点的管理依据。

(8) 配送区域信息。对物流业务中客户所属的配送区域信息进行维护，可依据区域进行分类，也可依据配送线路进行分类。配送区域信息界面如图7-13所示。

增加、修改、删除、查询等具体操作类似于供应商信息部分。

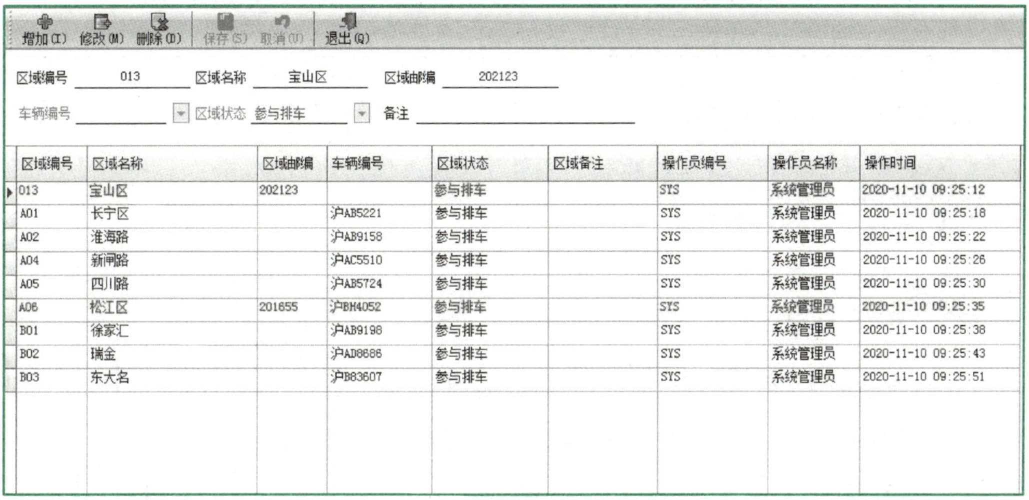


| 区域编号 | 区域名称 | 区域邮编 | 车辆编号 | 区域状态 | 区域备注 | 操作员编号 | 操作员名称 | 操作时间 |
|---|---|---|---|---|---|---|---|---|
| 013 | 宝山区 | 202123 | | 参与排车 | | SYS | 系统管理员 | 2020-11-10 09:25:12 |
| A01 | 长宁区 | | 沪AB5221 | 参与排车 | | SYS | 系统管理员 | 2020-11-10 09:25:18 |
| A02 | 淮海路 | | 沪AB9158 | 参与排车 | | SYS | 系统管理员 | 2020-11-10 09:25:22 |
| A04 | 新闸路 | | 沪AC5510 | 参与排车 | | SYS | 系统管理员 | 2020-11-10 09:25:26 |
| A05 | 四川路 | | 沪AB5724 | 参与排车 | | SYS | 系统管理员 | 2020-11-10 09:25:30 |
| A06 | 松江区 | 201655 | 沪BH4052 | 参与排车 | | SYS | 系统管理员 | 2020-11-10 09:25:35 |
| B01 | 徐家汇 | | 沪AB9198 | 参与排车 | | SYS | 系统管理员 | 2020-11-10 09:25:38 |
| B02 | 瑞金 | | 沪AD8686 | 参与排车 | | SYS | 系统管理员 | 2020-11-10 09:25:43 |
| B03 | 东大名 | | 沪B83607 | 参与排车 | | SYS | 系统管理员 | 2020-11-10 09:25:51 |

图7-13　配送区域信息界面

(9) 客户信息。维护客户和送货点的信息，包括地址、所属配送区域、联系人、电话等信息。客户信息界面如图7-14所示。

增加、修改、删除、查询等具体操作类似于供应商信息部分。

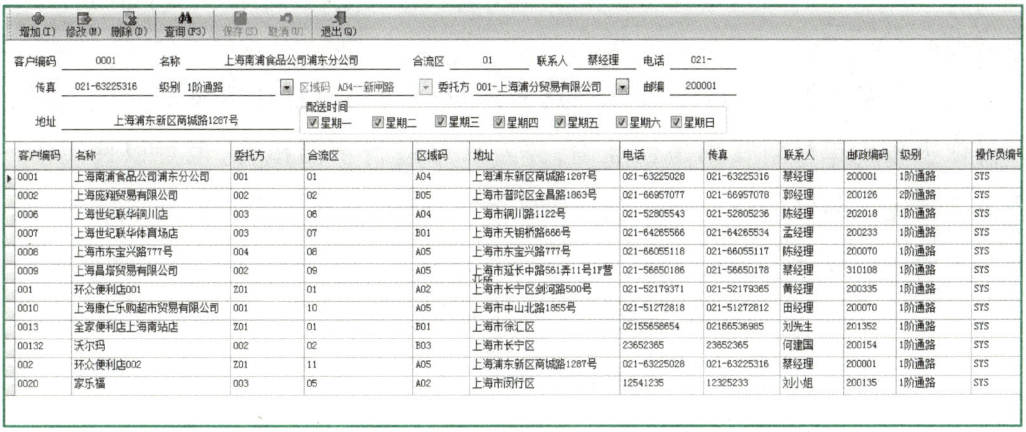


| 客户编码 | 名称 | 委托方 | 合流区 | 区域码 | 地址 | 电话 | 传真 | 联系人 | 邮政编码 | 级别 | 操作员编号 |
|---|---|---|---|---|---|---|---|---|---|---|---|
| 0001 | 上海南浦食品公司浦东分公司 | 001 | 01 | A04 | 上海浦东新区商城路1287号 | 021-63225028 | 021-63225316 | 蔡经理 | 200001 | 1阶通路 | SYS |
| 0002 | 上海庞翔贸易有限公司 | 002 | 02 | B05 | 上海市普陀区金昌路1863号 | 021-66957077 | 021-66957078 | 郭经理 | 200126 | 2阶通路 | SYS |
| 0006 | 上海世纪联华铜川店 | 003 | 06 | A04 | 上海市铜川路1122号 | 021-52805543 | 021-52805236 | 陈经理 | 202018 | 1阶通路 | SYS |
| 0007 | 上海世纪联华体育场店 | 003 | 07 | B01 | 上海市天钥桥路666号 | 021-64265566 | 021-64265534 | 孟经理 | 200233 | 1阶通路 | SYS |
| 0008 | 上海市东宝兴路777号 | 004 | 08 | A05 | 上海市东宝兴路777号 | 021-66055118 | 021-66055117 | 陈经理 | 200070 | 1阶通路 | SYS |
| 0009 | 上海昌塔贸易有限公司 | 002 | 09 | A05 | 上海市延长中路561弄11号1F营业所 | 021-56650186 | 021-56650178 | 蔡经理 | 310108 | 1阶通路 | SYS |
| 001 | 环众便利店001 | Z01 | 01 | A02 | 上海市长宁区剑河路500号 | 021-52179371 | 021-52179365 | 黄经理 | 200335 | 1阶通路 | SYS |
| 0010 | 上海康仁乐购超市贸易有限公司 | 001 | 10 | A05 | 上海市中山北路1855号 | 021-51272818 | 021-51272812 | 田经理 | 200070 | 1阶通路 | SYS |
| 0013 | 全家便利店上海南站店 | Z01 | 01 | B01 | 上海市徐汇区 | 02155658654 | 02166536985 | 刘先生 | 201352 | 1阶通路 | SYS |
| 00132 | 沃尔玛 | 002 | 02 | B03 | 上海市长宁区 | 23652365 | 23652365 | 何建国 | 200154 | 1阶通路 | SYS |
| 002 | 环众便利店002 | Z01 | 11 | A05 | 上海浦东新区商城路1287号 | 021-63225028 | 021-63225316 | 蔡经理 | 200001 | 1阶通路 | SYS |
| 0020 | 家乐福 | 003 | 05 | A02 | 上海市闵行区 | 12541235 | 12325233 | 刘小姐 | 200135 | 1阶通路 | SYS |

图7-14　客户信息界面

**【做中学】**

1. 某物流中心新增一位客户,客户资料见表 7 - 1。试将该客户资料输入基础资料模块。

表 7 - 1　客户基本信息

| 客户编号 | SHJLF010 | 客户名称 | 好又多量贩(田林店) |
|---|---|---|---|
| 地址 | 上海市徐汇区桂林路 402 号 | 邮编 | 200233 |
| 联系人 | 高寒 | 电话 | 021—50657391 |
| 传真 | 021—50657355 | 区域编号 | DS12 |

2. 在"基础资料"栏"配送区域信息"项中,增加一条配送区域记录:

"区域编号"=学校编码(两位)+学号(后三位)

"区域名称"=配送 3 区

"备注"=配送 3 区

**2. 入库作业模块**

入库作业在物流中心作业中占有重要地位,它能确保物流中心到货商品的准确性和物品储存的合理化,帮助作业人员准确验收到货商品并将商品合理放置在不同的储位上。入库作业模块内容如图 7 - 15 所示。

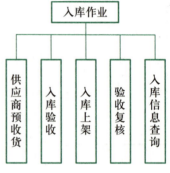

图 7 - 15　入库作业模块

(1) 供应商预收货。与供应商进行联系,约定送货到达物流中心的日期、时间段、停靠月台编号,获取预计到货物品信息,如品名、数量、规格等,并生成预约单。

(2) 入库验收。供应商按照约定的送货时间将货物送达物流中心,验收人员依据预约单核对货物是否准确,凭入库单进行物品核对,也可以使用 RF 手持终端完成验收作业。验收数据回送到信息部门,生成并打印正式入库单,作为物流中心收货的凭证。

① 进入入库验收界面,如图 7 - 16 所示。

② 点击[增加]按钮,系统自动生成入库单号,如图 7 - 17 所示,直接输入采购单号 111129000045,系统显示该采购单详细信息。

③ 入库单增加作业完成后,选中左边列表中对应的入库单号,然后点击[审

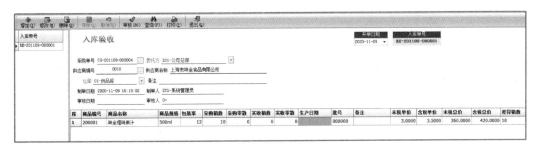

图 7 - 16　入库验收界面

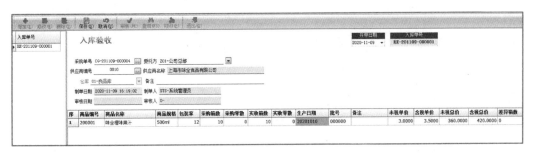

图 7 - 17　增加入库单

核]按钮。系统审核无误后,显示"审核成功"。审核入库单如图 7 - 18 所示。

图 7 - 18　审核入库单

(3) 入库上架。根据实际收货的数量及货物的周转率排序,确定货物的最佳存储位置。可通过人工指派和系统指派的方式,将货物放置到对应的储位上。上架过程中,可以使用 RF 手持终端完成指令下达和作业确认的工作。

(4) 验收复核。在实际作业中,可进行验收物品是否已经上架的查询。

(5) 入库信息查询。可依据不同的查询条件,如日期、供应商、商品品名查询入库信息,如入库日期、入库数量、入库商品信息、验收人员等。

【做中学】

1. 物流中心新采购雀巢有限公司的一批货品,请进行货品入库操作,货品信息见表 7-2。

表 7-2　货 品 明 细

| 供应商名称 | 商品名称 | 采购数量 |
| --- | --- | --- |
| 雀巢有限公司 | 雀巢高蛋白奶米粉 | 10 盒 |
| | 雀巢中老年麦片 | 50 袋 |
| | 雀巢咖啡 | 100 听 |

2. 在"入库作业"栏"储位计划"项中,增加一条记录:

"入库单号"＝选择之前自己增加的入库单号

"商品编号"＝选择上述入库单号对应的商品

"储位编号"＝选择之前自己增加的储位信息(第一条)

3. 出库作业模块

出库作业模块是物流中心仓储管理系统最重要、最核心的模块之一,出库作业也是物流中心中占用作业时间和作业资源最多的环节,因为出货的准时性直接关系到企业的服务质量,出货的准确性直接影响库存的准确率和货品的安全。根据厂商的出库单在该厂商的存储区进行拣货出库,通常主要有两种拣货模式:一种是播种式拣货,即先拣取总量,然后根据配送点要货信息进行分货。另一种是摘取式拣货,即直接根据配送点要货信息拣取货品。

(1) 模拟接单:

① 在出货作业菜单里点击进入模拟接单操作界面,点击[增加]按钮后,出现如图 7-19 所示的界面。

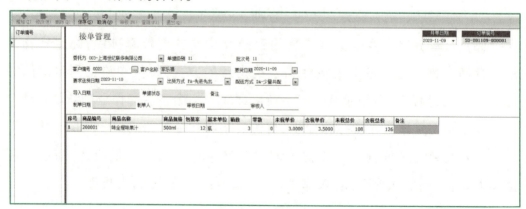

图 7-19　模拟接单—增加界面

② 在录入门店编号时,点击"▮▮▮"按钮后,出现客户查询窗口,如图 7 – 20 所示。在列表中选择客户,点击[确定]按钮即可完成选中操作。

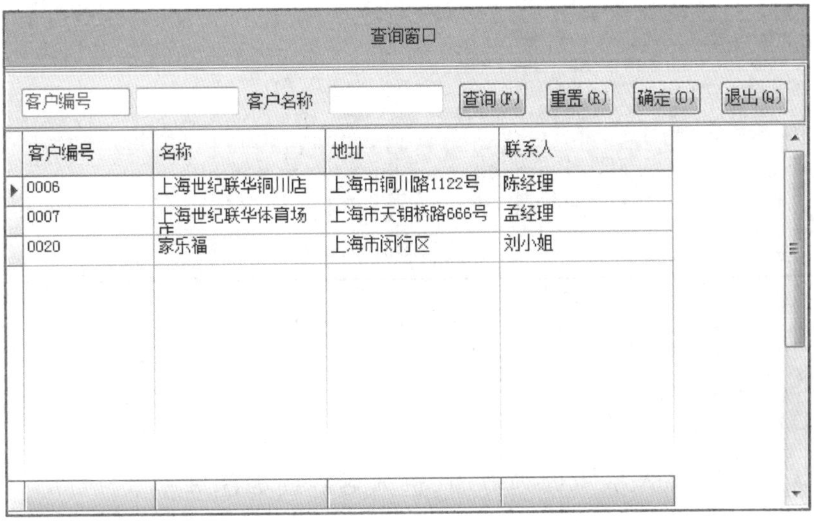

图 7 – 20  客户查询界面

③ 类似地,在进行订货商品录入时,会出现如图 7 – 21 所示的商品查询界面,选中商品点击[确定]按钮即可。

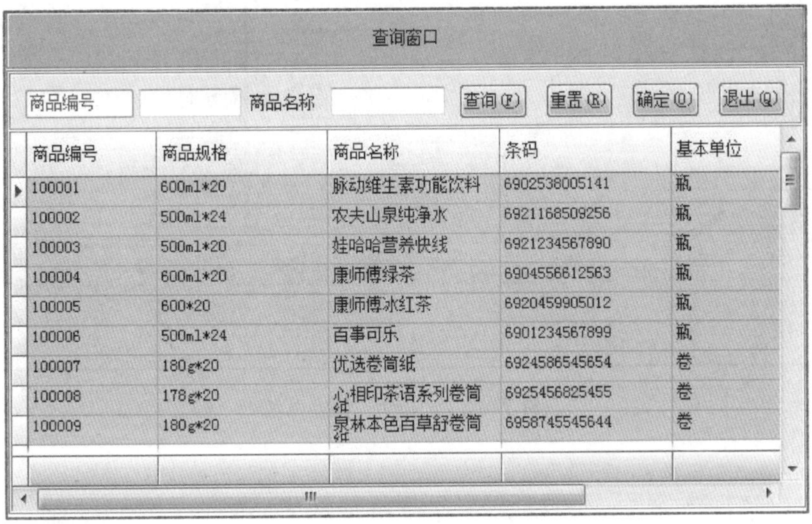

图 7 – 21  商品查询界面

④ 进行订货数量的录入,录入完毕后进行保存并审核该要货单。审核成功后的要货单号显示为蓝色,如图 7 – 22 所示。

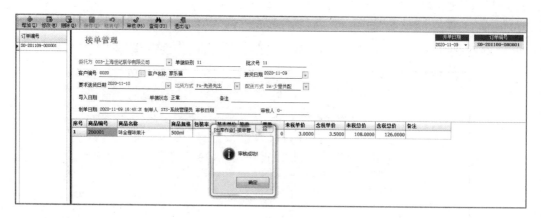

图 7-22　订单审核成功

（2）拣货计划：

① 从主界面进入拣货计划界面，进入后界面如图 7-23 所示。

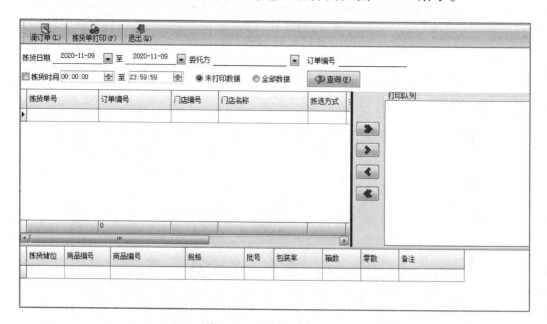

图 7-23　拣货计划界面

② 点击［调订单］按钮，进入选择订单操作界面，如图 7-24 所示。

③ 选择"摘取"或"播种"拣货方式后，系统自动生成拣货单并进入打印界面，如图 7-25 所示。

④ 点击［打印］按钮后，系统自动显示拣货单打印预览，如图 7-26 所示，直接进行拣货单的打印即可。

图 7-24 选择订单

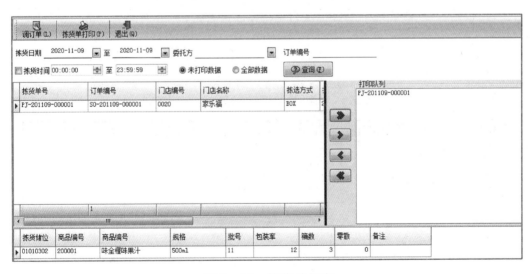

图 7-25 拣货单打印

(3) 拣货复核:

① 从出库作业界面进入拣货复核界面,如图 7-27 所示。

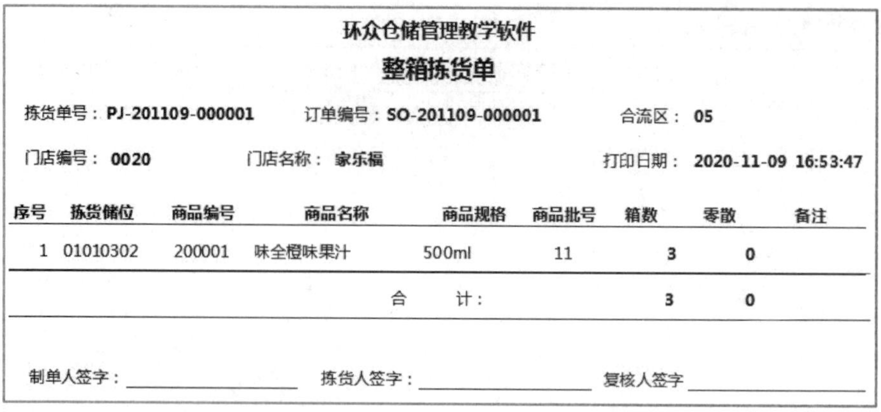

**环众仓储管理教学软件**

**整箱拣货单**

拣货单号：PJ-201109-000001　　订单编号：SO-201109-000001　　合流区：05

门店编号：0020　　门店名称：家乐福　　打印日期：2020-11-09 16:53:47

| 序号 | 拣货储位 | 商品编号 | 商品名称 | 商品规格 | 商品批号 | 箱数 | 零散 | 备注 |
|---|---|---|---|---|---|---|---|---|
| 1 | 01010302 | 200001 | 味全橙味果汁 | 500ml | 11 | 3 | 0 | |
| | | | 合　计： | | | 3 | 0 | |

制单人签字：＿＿＿＿＿＿　拣货人签字：＿＿＿＿＿＿　复核人签字＿＿＿＿＿＿

图 7－26　拣货单打印预览

② 输入“实出箱数”，点击“保存”，并点击“审核”按钮，完成操作。

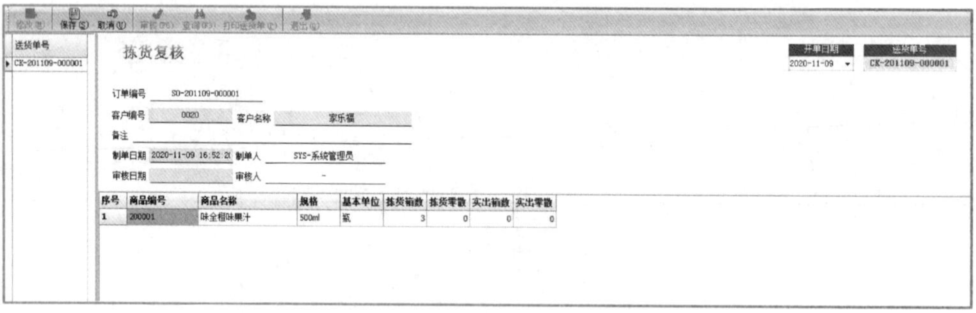


图 7－27　出库确认界面

(4) 订单查询：

① 从出库作业界面进入订单查询界面，如图 7－28 所示。

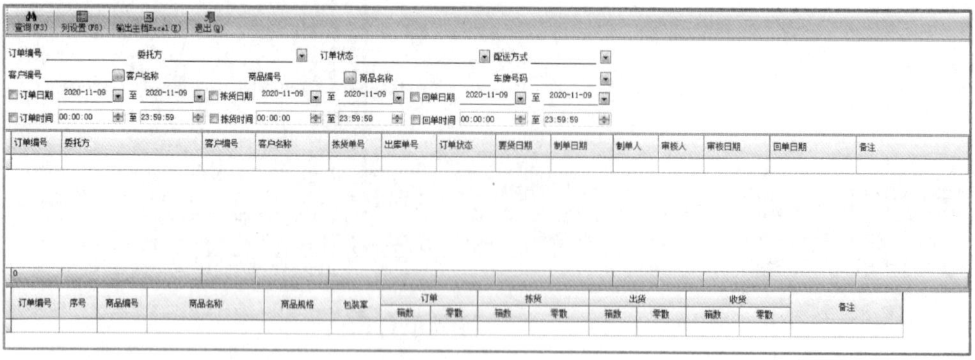


图 7－28　送货单查询界面

② 点击"查询"按钮,显示送货信息及状态,如图 7－29 所示。

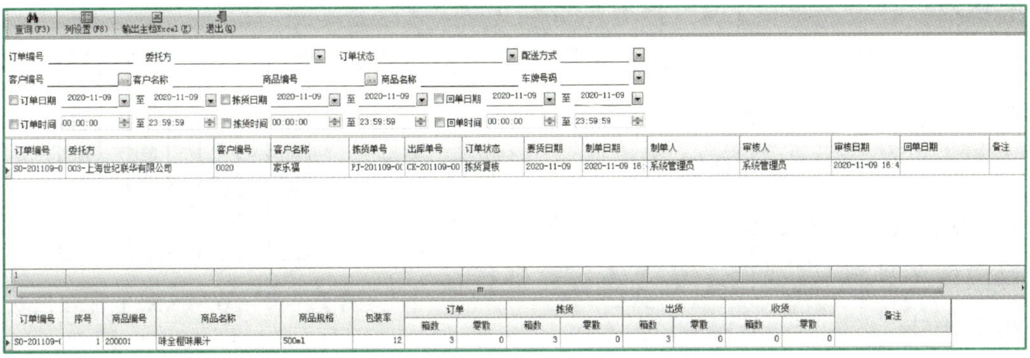

图 7－29　送货单查询结果

【做中学】

1. 物流中心接到某商厦的要货订单,见表 7－3。请在系统中进行订单的维护工作。

表 7－3　要 货 订 单

| 客户名称 | 商品名称 | 采购数量 |
|---|---|---|
| 某商厦 | 雀巢高蛋白奶米粉 | 8 盒 |
|  | 雀巢中老年麦片 | 40 袋 |
|  | 雀巢咖啡 | 80 听 |

2. 对该要货订单进行"拣货计划"作业,并进行拣货单的打印。

3. 对上述订单进行"出库确认",确认商品拣货完毕,系统自动调整该商品库存数量。

4. 在"出库作业"栏"送货单查询"项中,查询送货单信息。

4. 派车管理模块

作为物流中心作业的核心内容之一,运输作业的有效运作,将会为需要物流服务的企业节约大量成本,同时也会为物流企业自身带来丰厚的利润。设置此模块的目的是对运输过程中的人(驾驶员、搬运员)、车、货、客户以及费用核算进行有效的管理,实现各种资源的实时控制、协调管理,增强公司的竞争能力,为客户提供更加完善的服务。派车管理模块如图 7－30 所示。

(1) 订单过滤。提供准确的订单过滤,只针对已完成出货作业的订单进行配送作业,过滤要配送的订单,过滤厂商的具体配送点订单等。同时,也可查看其汇总情况,如订单的总数、货品的总件数、货品的零散数等。订单过滤界面如图7-31所示。

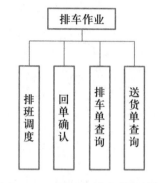

图7-30　WMS派车管理模块

(2)自动派车。根据基础资料中的区域设置,由系统根据配送点所属区域自动派车,产生相对应的各种单号(如出车单号等),并进行相应的路线优化。

(3)人工选单。根据系统自动产生的派车表,根据实际情况(如车辆体积等)由人工调整不同单据所派车辆等,并对系统自动派车表进行审核,如无任何问题则直接保存,生成派车表。

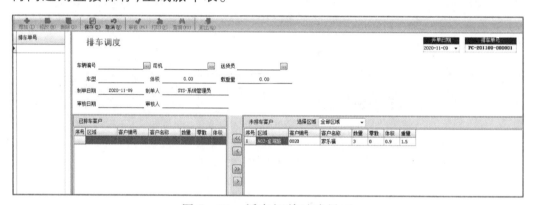

图7-31　派车订单过滤界面

(4)打印派车表。提供派车表的详细查询及打印等,界面如图7-32所示。

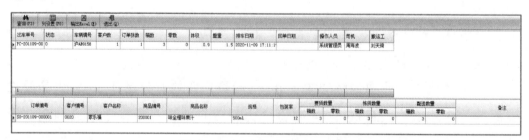

图7-32　派车计划查询界面

## 5. 返品处理模块

返品作业是物流中心作业的一个重要环节,正被越来越多的企业所重视。

这是因为:第一,返品并不只是传统意义上的残次品,还包括大量的良品,通过退货组作业人员的分类整理,良品可以很快地再次进入流通环节,加快了货品的流转速度;第二,物流中心良好的返品处理作业可以解除客户的后顾之忧,提高客户满意度。然而,良好的返品处理作业需要信息系统的支持,通过信息系统对返品的精细管理可以缩短货品的处理周期,加快企业资金周转速度。返品处理模块如图7-33所示。

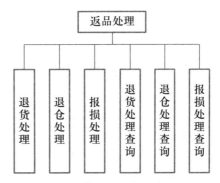

图7-33 返品处理模块

(1) 提供从配送点退回物流配送中心的商品信息的管理、查询、打印等。

(2) 提供要退回厂商的残次品信息的管理、查询、打印等。

(3) 根据退货商品及各厂商计费设定参数,审核时自动计算厂商退货费。

(4) 根据退仓商品及各厂商计费设定参数,审核时自动计算厂商退仓费等。

(5) 提供客户退回物流配送中心的已损坏商品信息的管理、查询、打印等。

6. 库存管理模块

库存管理也是物流配送中心业务的一个重要环节,同时也是对厂商提供优质服务的重要保证。如何对储位进行有效的管控,直接影响到拣货作业人员的拣货效率。物流配送中心库存管理的方法之一是盘点,常用的盘点方式有以下几种:第一,根据厂商要求进行盘点;第二,每天对当天出货的储位进行盘点,与储位的数量信息相比对;第三,每月盘点,进行盘盈盘亏处理;第四,由系统随机选择储位进行盘点。在库存管理中,应按厂商进行商品分类存储、拣取等,不同厂商的商品在空间上是相互独立的,不可交叉存放。库存管理模块如图7-34所示。

下面仅重点讲述盘点管理、盘点差异处理、库存查询三个子模块。

(1) 盘点管理:

① 从库存管理主界面进入盘点管理操作界面,进行盘点计划作业,操作界面如图7-35所示。

② 在界面中点击[生成盘点表]按钮,在系统中增加一条盘点记录,界面

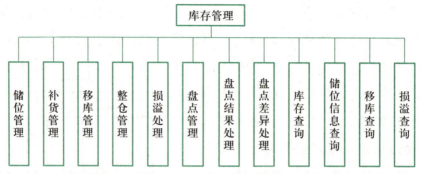

图 7-34 库存管理模块

图 7-35 盘点计划界面

如图 7-36 所示。

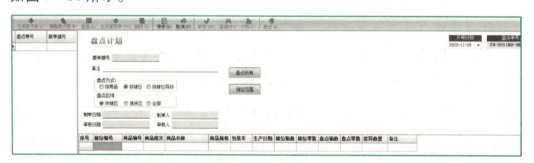

图 7-36 生成盘点表

③ 选择"按储位"盘点方式,并点击[指定范围]按钮进入盘点选择条件界面,输入储位编号后添加至盘点范围,点击[确定]按钮即可,如图 7-37 所示。

④ 确认后得到如图 7-38 所示的待盘点商品信息。

⑤ 点击[保存]按钮后,系统自动生成一张与库存默认一致的盘点单,如图 7-39 所示。盘点作业完成后,信息员按照实际盘点结果在上面进行修改后保存。

图 7 - 37　盘点选择条件

图 7 - 38　待盘点商品信息

图 7 - 39　盘点调整

⑥ 点击[复盘]按钮,在左侧盘点单号下出现新的盘点单号。选中原单号,进行审核作业,如图 7 - 40 所示。

图 7 - 40 盘点审核

⑦ 重新选中原单号,点击[生成差异单]按钮,生成差异单,如图 7 - 41 所示。

| 序号 | 储位编号 | 商品编号 | 商品批次 | 商品名称 | 商品规格 | 包装率 | 生产日期 | 储位箱数 | 储位零散 | 盘点箱数 | 盘点零散 | 差异数量 | 备注 |
|---|---|---|---|---|---|---|---|---|---|---|---|---|---|
| 1 | 01010302 | 200001 | | 味全橙味果汁 | 500ml | 12 | 2020101 | 7 | 0 | 6 | 0 | -12 | |

图 7 - 41 差异单

(2) 盘点差异处理:
① 从库存管理界面进入盘点差异处理界面,如图 7 - 42 所示。

图 7 - 42 盘点差异处理界面

② 选中一个差异单号,点击[差异处理]按钮,针对其中一种商品的差异情况填写原因和处理结果,如图 7 - 43 所示。

③ 保存后点击[确定]按钮,选中刚才进行差异处理的差异单号,点击[审核]按钮,审核成功后确认即可。

| 差异单号 | 差异类型 | 盘点单号 | 制单日期 | 制单人 | 审核日期 | 审核人 | 备注 |
|---|---|---|---|---|---|---|---|
| ▶ PY-201109-000002 | 2.盘亏 | PD-201109-000002 | 2020-11-09 17:26:01 | 系统管理员 | | | |
| PY-201109-000001 | 1.盘盈 | PD-201109-000002 | 2020-11-09 17:26:01 | 系统管理员 | | | |

| 记录数: | 2 |
|---|---|

**差异单明细**

| 序号 | 商品编号 | 商品批次 | 商品名称 | 规格 | 包装率 | 差异箱数 | 差异零散 | 基本单位 | 包装单位 | 差异原因 | 处理结果 |
|---|---|---|---|---|---|---|---|---|---|---|---|
| 1 | 200001 | 000000 | 味全橙味果汁 | 500ml | | 12 | -1 | 0 瓶 | ml | | |

图 7-43 差异单明细

(3) 库存查询:

① 从库存管理界面进入库存查询界面;

② 输入商品编号后,点击[查询]按钮,即可显示对应记录,如图 7-44 所示。

| | 委托方 | | 商品编号 | | 商品名称 | | 商品类型 | | | | |
|---|---|---|---|---|---|---|---|---|---|---|---|

| 商品编号 | 商品名称 | 规格 | 包装率 | 库存 箱数 | 库存 零散 | 库存 总数 | 安全库存 箱数 | 安全库存 总数 | 包装单位 | 基本单位 |
|---|---|---|---|---|---|---|---|---|---|---|
| ▶ 100001 | 脉动维生素功能饮料 | 600ml*20 | 20 | 0 | 0 | 0 | 30 | 600 | 箱 | 瓶 |
| 100002 | 农夫山泉纯净水 | 500ml*24 | 24 | 0 | 0 | 0 | 30 | 720 | 箱 | 瓶 |
| 100003 | 娃哈哈营养快线 | 500ml*20 | 20 | 0 | 0 | 0 | 30 | 600 | 箱 | 瓶 |
| 100004 | 康师傅绿茶 | 600ml*20 | 20 | 0 | 0 | 0 | 30 | 600 | 箱 | 瓶 |
| 100005 | 康师傅冰红茶 | 600*20 | 20 | 0 | 0 | 0 | 30 | 600 | 箱 | 瓶 |
| 100006 | 百事可乐 | 500ml*24 | 24 | 0 | 0 | 0 | 30 | 720 | 箱 | 瓶 |
| 100007 | 优选卷筒纸 | 180g*20 | 20 | 0 | 0 | 0 | 30 | 600 | 箱 | 卷 |
| 100008 | 心相印茶语系列卷筒纸 | 178g*20 | 20 | 0 | 0 | 0 | 30 | 600 | 箱 | 卷 |
| 100009 | 泉林本色百草舒卷筒纸 | 180g*20 | 20 | 0 | 0 | 0 | 30 | 600 | 箱 | 卷 |
| 100010 | 英雄时代墨水 | 150ml*30 | 30 | 0 | 0 | 0 | 30 | 900 | 箱 | 瓶 |
| 100011 | 久久牌墨水 | 150ml*30 | 30 | 0 | 0 | 0 | 30 | 900 | 箱 | 瓶 |
| 100012 | 心相印柔肤系列卷筒纸 | 180g*12 | 12 | 0 | 0 | 0 | 30 | 360 | 箱 | 卷 |
| 100013 | 统一茶里王 | 500ml*20 | 20 | 0 | 0 | 0 | 30 | 600 | 箱 | 瓶 |
| 100014 | 清风纸巾 | 200P*10 | 10 | 0 | 0 | 0 | 30 | 300 | 箱 | 盒 |
| 100015 | 五羊环保墨水 | 150ml*20 | 20 | 0 | 0 | 0 | 30 | 600 | 箱 | 瓶 |
| 100016 | 王老吉 | 330ml*16 | 16 | 0 | 0 | 0 | 30 | 480 | 箱 | 盒 |
| 100017 | 统一奶茶 | 500ml*20 | 20 | 0 | 0 | 0 | 30 | 600 | 箱 | 瓶 |
| 100018 | 惠普笔记本 | 18K | 1 | 0 | 0 | 0 | 30 | 30 | 箱 | 个 |
| 100019 | 安溪铁观音 | 180g*10 | 10 | 0 | 0 | 0 | 30 | 300 | 箱 | 袋 |
| 100020 | 屈臣氏护理牙线 | 50P*50 | 50 | 0 | 0 | 0 | 30 | 1500 | 箱 | 盒 |
| 100021 | 趣多多软式甜饼 | 240g*10 | 10 | 0 | 0 | 0 | 30 | 300 | 箱 | 盒 |

图 7-44 库存查询

**【做中学】**

1. 在"库存管理"栏"盘点计划"项中,增加一条盘点记录:

"盘点方式"＝按储位

"指定范围"＝01010101～09010101

2. 在"库存管理"栏"库存查询"项中,查询库存信息:分别使用"商品编号""供应商编号""供应商名称"进行库存查询。

### 7. 费用管理模块

第三方物流配送中心作为一个经济实体,必须考虑各种经济因素及与厂商之间的合作关系,能够精确计算与客户之间发生的各种费用。费用管理模块正是为此而设计的,它可以提供合理的运输费用结算方法,包括按单结算、按实际运货量结算、按整车结算等。另外,还可对运输过程中发生的成本、代垫费用进行计算和结算等。费用管理模块具有以下功能:

(1) 费用项目设置、费用项目查询,根据不同的用户可定制灵活的计费策略。

(2) 提供各种费用的结算、查询、打印。如自提货品费用、配送费用、拣取费用、仓储费用、流通加工费用、装卸费用等。

(3) 对车辆费用进行登记和管理。

(4) 厂商收费项目设置,厂商收费项目查询等。

(5) 单据收费,单据收费查询(如退货费等)。

(6) 提供应收款、应付款的处理及查询等。

(7) 提供日结、月结、年结,并生成相应的费用详细报表。

### 8. 系统服务模块

系统服务模块的权限设置功能完成系统的用户授权,通过对每个用户的客户权限设置和模块权限设置,支持授权用户依照其权限进行访问,保证整个系统的安全有序运行。同时,操作人员能修改自己的密码。为了保证系统的正常运行,相隔一定时间就要对数据库进行备份,如每天备份一次、每小时备份一次等。系统服务模块如图 7 - 45 所示。

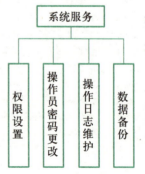

图 7 - 45　系统服务模块

(1) 系统服务模块提供权限设置功能,由系统管理员根据各操作人员的工作内容进行权限设置,如图 7 - 46 所示。

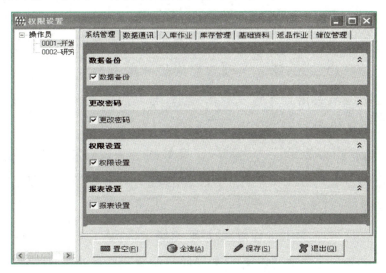

图 7 - 46　权限设置界面

(2) 提供操作员密码更改的功能。

(3) 提供工作日志的维护和查询功能。

(4) 提供数据备份功能,也可在后台数据库直接备份。

9. 数据通信模块

第三方物流信息系统,为了解决与企业客户采购、销售、财务系统之间的连接问题,需要提供各种数据接口,通过数据接口与企业内部系统(如 ERP 系统)进行数据交换等。以批发零售物流信息系统为例,其数据通信模块如图7 - 47 所示。

(1) 提供资料下载功能,如下载厂商的出库单等。

(2) 提供资料上传功能,如上传每天的日结数据到企业财务系统等。

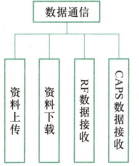

图 7 - 47　数据通信模块

(3) 提供无线射频终端(RF)系统、计算机辅助拣货系统(CAPS)与物流信息系统之间的数据通信。

### 7.2.3　仓储管理系统应用

江苏飞力达国际物流股份有限公司成立于 1993 年 4 月,是一家致力于为智能制造企业提供一体化供应链解决方案的 5A 级综合物流服务企业。

飞力达的成功与其占尽地利优势密不可分,凭借先入为主的优势,其业务量迅速攀升,此后走出昆山,在上海设立分公司,很快在物流领域赢得一席之地。但当时其业务销售额虽然高,毛利率却比较低,公司高层认识到,飞力达要想有更高的利润率,必须进入利润相对较高的仓储业务领域,应用 WMS。于是飞力达物流总共梳理了近 700 项需求,与供应商逐一论证,经过全面考评最终选中了某软件公司的 WMS。

WMS 的成功实施给飞力达带来了良好的经济效益和客户体验,帮助飞力达通过信息共享,实现了集中、统一管理,并整合、优化了物流运作流程,提高了物流管理水平。

仓库操作从传统的手工作业到全程使用 RF 操作,实现了信息实时传输,提升了作业准确度及效率,实现了库存的可视化,优化了作业流程。

上架策略、分配策略系统的自动执行,使仓库作业岗位得到释放,一定程度上降低了人力成本。

WMS 具备一定的弹性,可以满足当前客户多样化、精细化的管理需求。

截至 2020 年 9 月底,飞力达在国内拥有 86 家分支网点,管理车辆超 1 000辆,仓储面积达 62 万 m²,构建覆盖国内 29 个省份及海外 55 个国家和地区的服务网络。业务领域覆盖 IT、通信、汽车、精密仪器等产业,为 100 多家世界500 强企业提供货运代理、仓储运输、供应链金融、供应链解决方案及综合物流服务。

据飞力达评估统计,在 WMS 上线之前,飞力达年营业额 6 亿元,上线后即达到 10 亿元,系统完全可以支撑迅速增加的业务量和客户需求;从反应速度来看,过去客户提出需求后,飞力达需要两三个月来修改系统、部署并实现,现在仅需要 2 周就可以提交,客户对此很认可;系统的可维护性好,适应度高,使飞力达减少了过去针对客户需求进行软件再开发的人员数量;从系统运行的故障率来看,有了完善的管理工具,也比之前大大降低。此外,通过成功上线 WMS 系统,可以从中得到软件项目实施和管理思路的借鉴,通过总结和创新,有利于公司后续的信息化建设。

### 7.2.4　自动化仓储管理系统及应用

1. 自动化仓储管理系统概述

随着科学技术的进步,企业仓储管理逐渐向自动化方向发展,企业仓库可以在自动化技术的作用下自主完成控制与独立应用等任务。在计算机相关技术的发展与革新中,仓储管理在自动化系统配置中也有了较大的进步,计算机技术与数据采集、机械设备控制完美融合,将数据和信息更加直观地反馈给主机,通过对仓库主机进行查询就可以获得仓库管理的信息,比如货物到达时间、库存量等,有利于企业管理人员随时对资源进行调配。

自动化仓储管理系统以集中服务为切入点,针对企业仓储管理特点与发展需求进行了节点移动,有利于对仓库各环节管理基本数据和信息的采集与检验,有利于对仓储过程中各项工作指令数据进行采集,从而确保仓储管理工作达到标准,提高数据录入的真实性、完整性和及时性。

在一定的范围内,企业仓储采取自动化管理,为工作人员提供了完整的物品信息,有利于掌握物品准确的位置,从而提高企业仓储管理的质量与效率。自动化仓储管理在物品运输、管理,以及最大限度利用仓库空间、及时获得精准数据等方面有比较突出的优势。

根据自动化仓储管理的特点,可以设定一个多层、大容量的货物存放仓库系统,高度,超过 30 m,设置高中低三层面系统,在货物存放有变动的情况下,按照企业发展需求随时进行调整。多层面立体仓储设计大大节省了仓库空间,有利于出入输送机对货物的移动与搬运,从而提高货架层的利用率。另外,自动化仓储管理实现了货品种类、数量等信息的自动核对和记录,企业管理人员只需要对仓库计算机进行查询,就可以获取需要的信息与数据。

2. 自动化仓储管理系统功能模块

自动化仓储管理实质就是在企业仓库管理中,构建一个自动化仓储系统,从而真正实现企业仓储管理的自动化和标准化。自动化仓储系统包括两大部分,即硬件和软件,完整的自动化仓储管理系统在设计与构建上分为管理层、服务层、监控层及执行层,解决方案是通过服务层对系统服务器进行数据的反馈,帮助管理层和局域网对物品信息进行核实和检验,利用执行层实现与监控系统的信息共享。

管理层的主要任务是对整个系统进行管理,以此实现自动化仓储管理系统货位管理,并进行货物报表查询、货物出入库次数管理、系统故障分析以及日常维护保养等工作,有利于及时下达指令,进行信息传递和交互,实现企业仓库监控管理。监控层作为仓库管理的心脏,主要承担管理系统指令的控制、接收、转发和分解等重任,平衡企业其他设备,执行命令控制。为更好地对信息进行跟踪和处理,需要在执行层对仓储管理各环节执行作业指令,并依次完成各项指令任务。

(1) 库存管理功能模块。库存管理功能模块主要包括:建立备品货位明细表、周期库存资金统计表、出入库信息记录表、采购计划表等,建立货物编码、部门、用户编码、库存量等档案,建立运行记录,比如设备故障和报警记录、作业执行情况等。

(2) 货位管理功能模块。货位管理功能模块可以提高系统运行的自动性和灵活性,分析货位安排是否合理,确保货位存取始终处于高层货架受力均衡和高效运行状态中。

(3) 作业计划功能模块。作业计划功能模块接受备品出入库和供应商材料等信息,从而制订合理的生产计划、单项处理或批量处理作业单。

(4) 作业调度功能模块。作业调度功能模块有效地提高了堆垛机的效率,避免因一台机器出现故障而影响企业仓库相关环节的作业,同时预测备品的储存周期,针对堆垛机出入库特点,合理分配货位。

(5) 监控系统功能模块。首先将接收的作业信息、堆垛机状态、故障信息等以动态图形的形式显示在监控界面中,并将接收到的仓库管理系统的作业单转化为指令,存入待发任务队列,并向堆垛机发送。

其次针对企业仓储管理实际需求,通过自动化仓储管理系统,封锁某条巷道或者通过指令使堆垛机停止和返回。

最后,通过计算机屏幕和声卡,系统或者设备发生故障时用声光报警。部分故障发生后,故障设备会自动停用并封锁,并及时将故障信息传递给仓库管理员,有利于仓库管理员迅速调整作业计划,避免故障设备打乱正常工作流程,并通知维修人员尽快维修。

3. 自动化仓储管理系统应用

21 世纪是知识、技术经济时代,企业若想在激烈的竞争中立足与发展,就必须切实提高核心竞争力。企业在扩大市场发展空间的同时,仓库中备件备品相对增加,这就给企业仓储管理工作带来了较大的难度。自动化仓储管理技术逐渐得到了应用,针对仓库物品的预测存放周期进行操作,打破了传统人工高劳动强度操作模式,大幅度减少了工作量,可以缩短物品出入库时间,获取精准、完善、及时的数据信息,提高仓储管理质量与效率,从而真正实现了自动化仓储管理,促进企业健康、可持续发展。

### 7.2.5 智能化仓储管理系统

1. 智能化仓储概述

在经济、科技日益发展的今天,特别是近年来,人工智能系统的开发,使企业仓储管理智能化成为现实,以巷道式堆垛机为主的立体化仓库存取逐渐投入使用,智能化仓储技术得到了广泛的推广与应用。智能化仓储对提高物流运输的速度、精度以及智能性具有十分重要的作用,实现了仓库各环节管理工作环环相扣,有利于及时、准确地获取信息与数据,大大降低了人工劳动强度,真正实现了企业仓储智能。

智能化仓储管理系统是由立体货架、有轨巷道堆垛机、出入库输送系统、信息识别系统、自动控制系统、计算机监控系统、计算机管理系统以及其他辅助设备组成的。智能化仓储管理系统采用一流的集成化物流理念设计,通过先进的控制、总线、通信和信息技术应用,协调各类设备动作、实现自动出入库作业。

智能化仓储管理系统由各种相互关联的技术组成,所有这些技术都朝着相同的目标努力。这个目标的每一部分都有一项工作要做,以保持仓库的最佳运行。下面是常见的构成智能化仓储管理系统的组件。

(1) 机器人。仓储机器人主要处理货物的拣选和包装。

常见的仓储机器人能实现自动化拣选过程,从本质上讲,它们是自动化的、更易操作的托盘搬运车。它们比人移动得更快,一次移动更多货物,甚至可以确定最佳拣选路径。

(2) 无线射频识别。无线射频识别(RFID)有助于组织和控制库存。RFID 摆脱了旧的模拟纸张跟踪方法,转而使用数字标签跟踪货品或包裹,然后使用无线电波传输数据。

RFID 取代旧的条码扫描仪,条码必须与扫描仪精确对齐才能被识别。相反,RFID 扫描仪只需指向货品或包裹的大致方向就能识别它。由于扫描仪不必精确对齐,因此可以使用自动化机器扫描货品或包裹,识别并计算每种类型的货品的数量。此外,这些扫描仪可以在订单履行期间检测到货品,确保库存数量始终准确。

（3）人工智能。人工智能的使用在每个行业都呈爆炸式增长，而不仅仅是在仓储领域。最主要的原因是人工智能有助于提高生产力，同时减少错误。

例如，人工智能帮助仓储机器人找到最有效的选择产品的途径。它还可以根据产品的类型、数量、尺寸和重量确定货品的最佳箱型。还可以应用于包装产品的机器，使用人工智能以最节省空间的方式进行包装。这些功能正在帮助仓库大幅降低运营成本。它减少的最大成本之一是人工成本。

（4）物联网。物联网技术的应用保证了智能化仓库正常运作。物联网涉及多个支持互联网的设备相互通信和共享数据。在智能化仓库管理系统中，机器人可以与所需的所有技术进行通信，包括智能化仓储管理系统。

仓库收到货物后，RFID 扫描仪会扫描标签，告诉 WMS 收到了哪些货物和货物数量。然后，WMS 与机器人通信，通知它们这些货物应该存放在仓库哪个楼层的哪个位置。所有这些都是自动无缝地发生的，并且不会丢失任何关键信息。如果没有物联网，就只能人工手动完成流程中的每个步骤。这很容易出错，特别是有关流经这些系统的每种产品的大量信息。而应用物联网，可以最大限度地节省人工，加快速度，减少错误。

（5）WMS 解决方案。WMS 解决方案有许多用途，从收集有价值的数据到帮助用户管理仓储流程。由此可以跟踪仓库日常运营的效率，以及是否可以改进特定的内容。大多数 WMS 解决方案都可以收集实时数据并创建可视化报告，因此它们有助于揭示流程中的缺陷。查看 WMS 报告后，可以采取适当的措施来解决问题并使操作重回正轨。

2. 智能化仓储管理系统的应用

智能化仓储管理系统是仓库自动化的产物。与智能家居类似，智能化仓储管理系统可通过多种自动化和互联网技术实现。这些技术协同工作以提高仓库的生产率和效率，最大限度地减少人工数量，降低错误率。

在手动仓库中，通常会看到工人随身携带清单，挑选产品，将产品装入手动液压托盘车，然后将它们运送到装运月台；但在智能仓库中，会自动收到订单，之后系统确认是否有库存。然后将提货清单发送给机器人，机器人将订购的产品放入自身附带的容器中，然后将它们交给工人进行下一步。智能仓储则完全解决了对人工的依赖问题，在智能化仓储管理系统的帮助下，自动接收、识别、分类和提取货物,几乎可以自动完成从供应商到客户的整个操作,并且错误最少。

智能化仓储管理系统是智能制造快速发展的一个重要组成部分,它具有节约用地、减轻劳动强度、避免货物损坏或遗失、消除差错、提高仓储自动化水平及管理水平、提高管理和操作人员素质、降低储运损耗、有效地减少流动资金的积压、提高物流效率等诸多优点。

# 7.3 运输管理系统

运输管理
系统操作

## 7.3.1 运输管理系统概述

运输是物流作业的重要环节,在物流各个环节中运输时间及成本占有很大比重。随着市场竞争的加剧,对于物流服务质量(尤其是运输环节)的要求越来越高,由此运输管理系统(transportation management system,TMS)应运而生。

TMS 是面向物流运输管理,集运输调度管理、智能配载管理、作业执行跟踪、路线管理、车辆与司机管理、计费与结算管理于一体的智能化运输管理系统。

TMS 是优化运输模式组合,如空运、陆运或水运等,寻求最佳运输路线的有效辅助工具。使用 TMS 还可实现在途货品的跟踪,并在必要时调整运输模式,实现车队管理、运输计划、调度与跟踪、与运输商的电子数据交换以及信息集成等。本节以车辆 TMS 系统为例进行详细介绍。

TMS 主要具有以下几个特点:

1. 运输管理系统网络化

TMS 可实现订单管理、货运业务管理、仓库台账管理、人车分配、车辆技术管理、财务管理、查询等功能,通过使用该系统能够减少人工配单、人工统计的工作量,增强车辆调度能力,促进各环节的信息交流和协作,提高部门协同工作效率,从而提高企业整体效率。

2. 具有功能强大的跟踪服务平台

一些 TMS 可以通过使用互联网络,实现网上实时信息查询、委托的功能,客户可以凭有效身份查询货物状态,了解整个运输过程、时间进度,这些功能可以方便客户在货物流转过程中,更合理地安排生产、销售计划。

3. 集成 GNSS/GIS 系统

越来越多的 TMS 与 GNSS/GIS 系统进行有效集成,利用全球移动通信系统(global system for mobile communications,GSM)短信息网络,通过车载终端实现对车辆的实时监控、跟踪,从而提高车辆的有效利用率,保证车辆及货物安全,加强对车辆和驾驶员的控制。

### 7.3.2 运输管理系统功能模块及其操作

1. 基本模块操作

(1) 车辆信息。

① 增加车辆信息:

从系统主界面进入车辆信息界面,如图 7-48 所示。

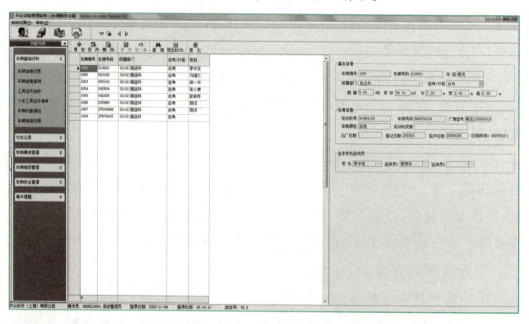

图 7-48 车辆信息界面

点击[增加]按钮,输入相关信息后保存即可。保存后界面如图 7-49 所示。

② 删除车辆信息:

选中要删除的车辆信息,如图 7-50 所示。

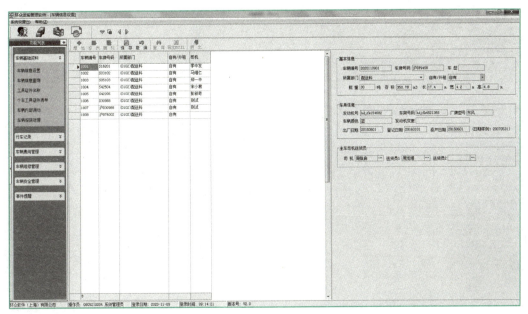

图 7-49 增加车辆信息

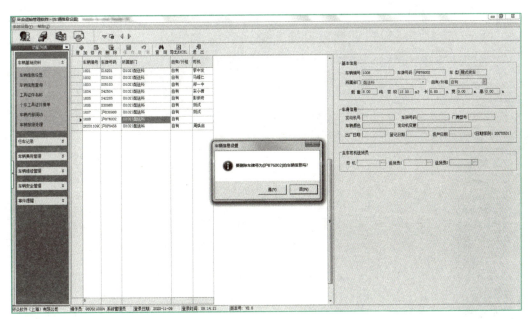

图 7-50 删除车辆信息

点击[删除]按钮之后确认即可。

③ 修改车辆信息:

选中要修改的车辆信息。

点击[修改]按钮,输入资料并保存,如图 7-51 所示。

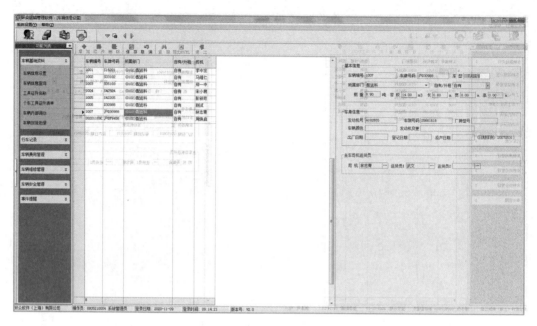

图 7-51　修改车辆信息

④ 查询车辆信息:

点击[查询]按钮,在查询窗口输入查询条件,如图 7-52 所示。

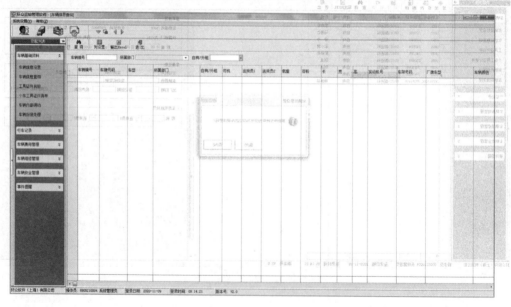

图 7-52　车辆信息查询界面

点击[查询]按钮后,系统按照查询条件自动定位到相应的记录行,如图
7-53 所示。

(2) 员工信息。员工信息的增加、删除、修改、查询等具体操作与车辆信息的相关操作相同,员工信息维护界面如图 7-54 所示。

114

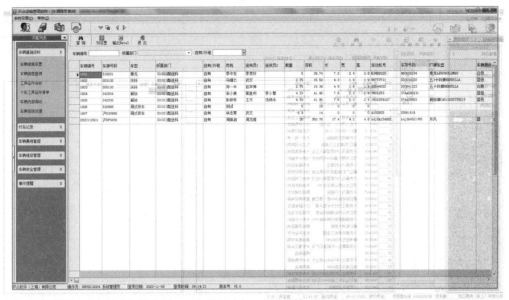

图 7-53　车辆信息查询结果

图 7-54　员工信息界面

(3) 线路信息。线路信息的增加、删除、修改、查询等具体操作与车辆信息的相关操作相同,线路信息维护界面如图 7-55 所示。

(4) 货品信息。货品信息的增加、删除、修改、查询等具体操作与车辆信息的相关操作相同,货品信息维护界面如图 7-56 所示。

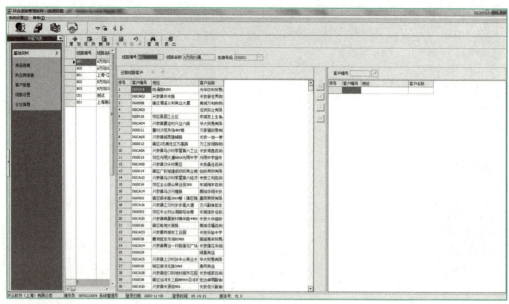

图 7-55 线路信息界面

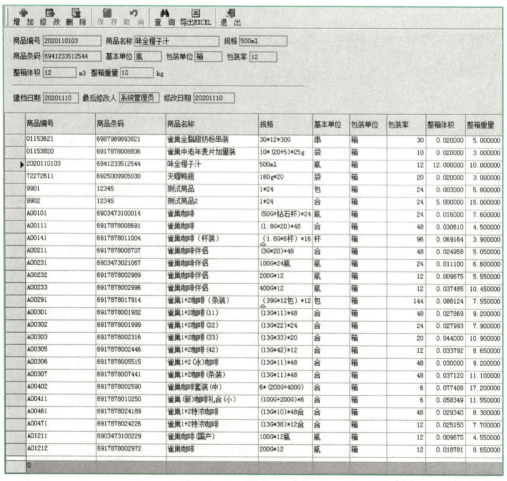

图 7-56 货品信息界面

（5）货主信息。货主信息的增加、删除、修改、查询等具体操作与车辆信息的相关操作相同,货主信息维护界面如图 7-57 所示。

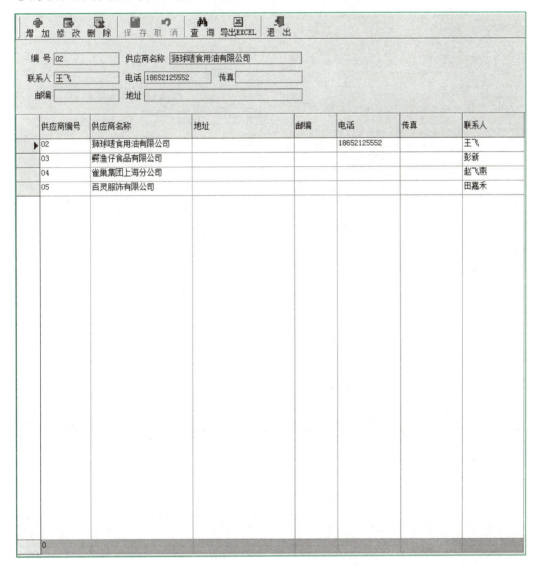

图 7-57　货主信息界面

（6）网点信息。网点信息的增加、删除、修改、查询等具体操作与车辆信息的相关操作相同,网点信息维护界面如图 7-58 所示。

（7）维修点信息。维修点信息的增加、删除、修改、查询等具体操作与车辆信息的相关操作相同,维修点信息维护界面如图 7-59 所示。

【做中学】

1.某物流中心因业务拓展需要新购汽车一辆,现需把车辆资料输入信息系统中，车辆相关信息如表 7-4 所示。

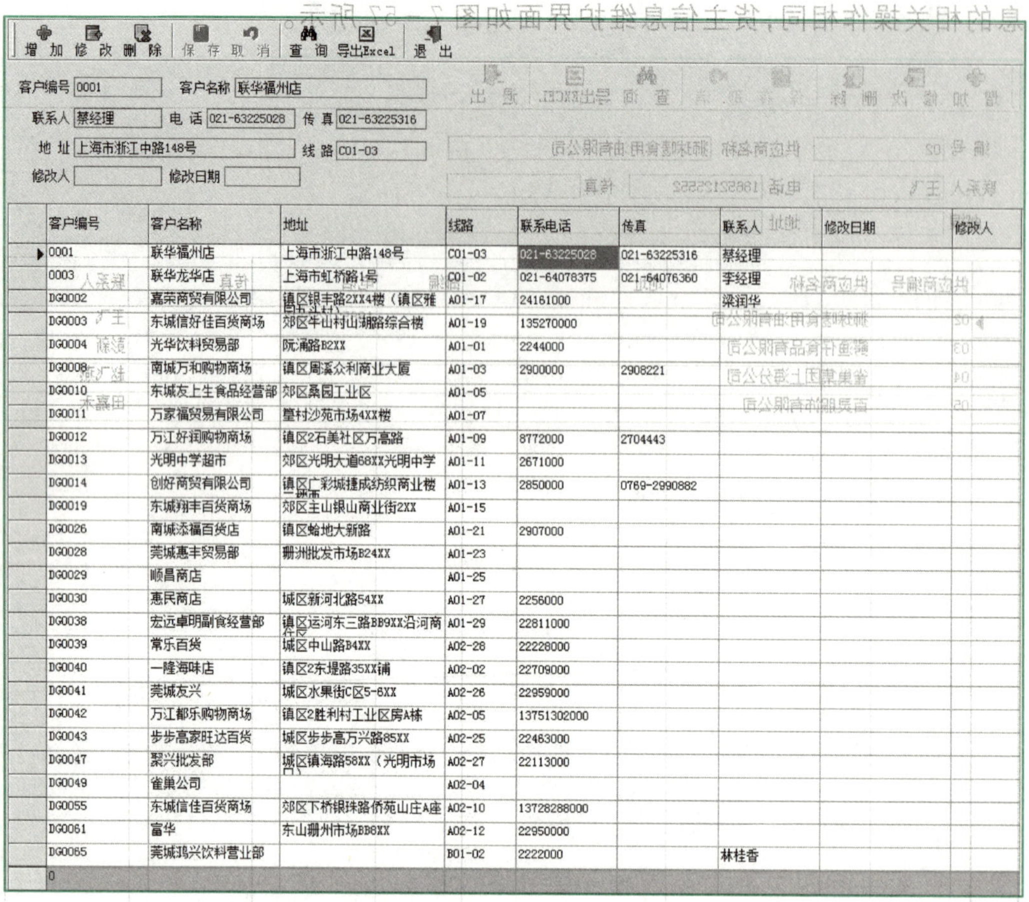

图 7-58 网点信息界面

表 7-4 新车登记卡

| 车牌号 | 沪 D×8556 | 车型 | 8t | 长 | 8m |
|---|---|---|---|---|---|
| 宽 | 2.4m | 高 | 4m | 载重 | 8 000kg |
| 司机 | 本人姓名 | 购入金额 | 130 000 元 | 折旧 | 0 元 |
| 车辆状况 | 正常 | 报废日期 | 2027 年 1 月 1 日 | 运行线路 | 浦东线 |

2. 在"基础资料"模块的"线路信息"项中，增加一条线路记录：

"线路编号"=班级+学号

"线路名称"=浦东线

"司机"=本人姓名

"车辆"=上题中购入的车辆

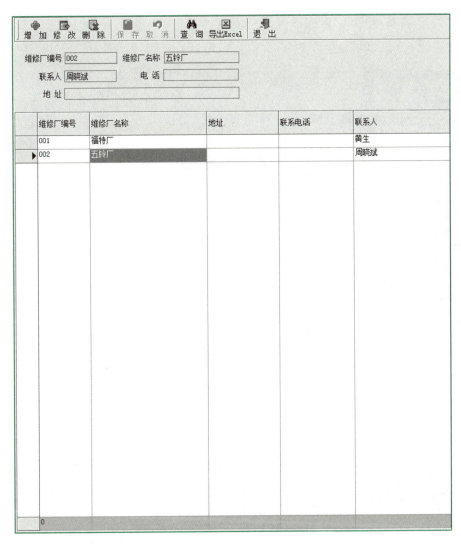

图 7－59　维修点信息界面

## 2. 进货作业模块操作

(1) 从信息系统主界面进入"进货作业"界面。如图 7－60 所示：

(2) 点击"增加"，自动生成进货单号，选择"供应商""仓位"等，如图 7－61 所示。

(3) 按订单要求依次添加商品编号及名称、整件数量、散件数量、单价等信息并保存，保存后如图 7－62 所示。

### 【做中学】

物流中心现有一批货品需在次日送到门店，现需将这些货品信息录入订单管理模块形成一张订单，以便安排车辆调度。订单货品信息如表 7－5 所示。请将货品信息录入系统并生成一张订单。

图 7-60　"进货作业"界面

图 7-61　选择"供应商""仓位"等

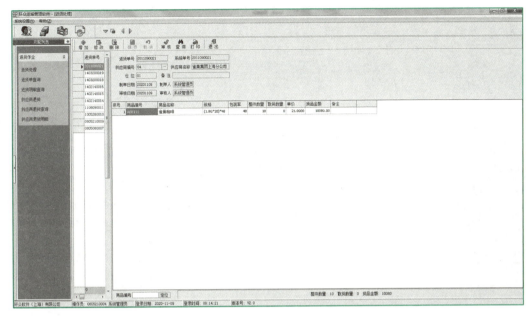

图 7 - 62 输入订单信息并保存

### 表 7 - 5 货品信息

| 货主名称 | 优化便利店 | | | | |
|---|---|---|---|---|---|
| 货品名称 | 网点名称 | 重量 | 体积 | 货品总金额 | 送达日期 |
| 雀巢奶米粉 | 徐汇区优化便利店 | 50kg | $0.2m^3$ | 2 000 元 | 当前日的第二天 |
| 雀巢麦片 | 徐汇区优化便利店 | 100kg | $0.5m^3$ | 2 000 元 | 当前日的第二天 |
| 雀巢咖啡 | 徐汇区优化便利店 | 20kg | $0.1m^3$ | 2 000 元 | 当前日的第二天 |

3. 排班调度模块操作

(1) 从信息系统主界面进入"排班调度"界面,如图 7 - 63 所示。

(2) 进入"排班",点击[开始排班]按钮,未排班的订单将自动生成流水排车单号,如图 7 - 64 所示。

(3) 在"人工排车"界面,查询已排车完成单据,也可以对未排班的订单进行排班,如图 7 - 65 所示。

(4) 进行"装车登记"和"装车差异处理",如图 7 - 66 所示。

(5) 进行"出车登记",车辆按规划路线出发送货,如图 7 - 67 所示。

【做中学】

请对上一练习中生成的订单进行排车调度。(相关录入资料:司机为本人

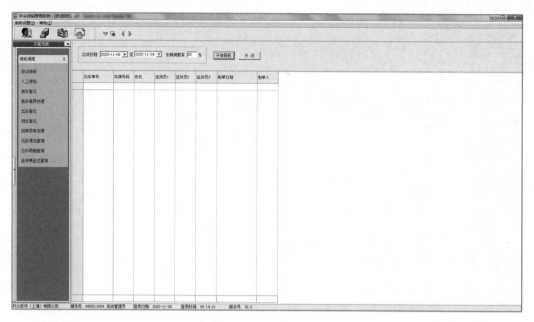

图 7-63 "排班调度"界面

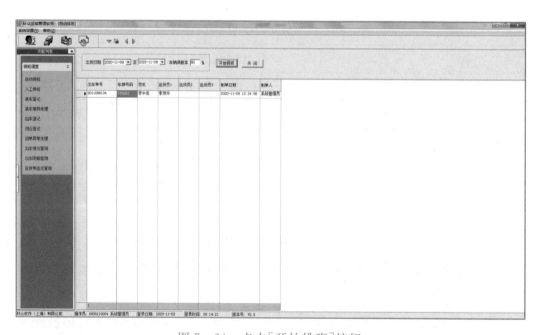

图 7-64 点击[开始排班]按钮

姓名;车辆信息见表 7-4。)

4. 车辆管理模块操作

(1) 从排班调度界面,进入回仓登记界面。如图 7-68 所示。

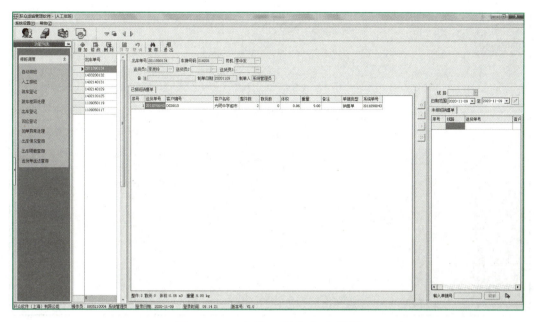

图 7-65 查询已排车完成单据

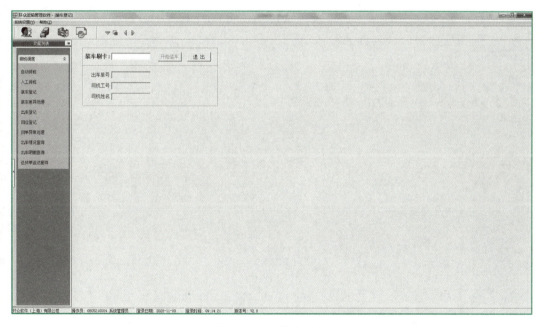

图 7-66 装车登记

（2）填写回仓公里数、路桥费，并刷卡确认，完成回仓登记确认。如图 7-69 所示。

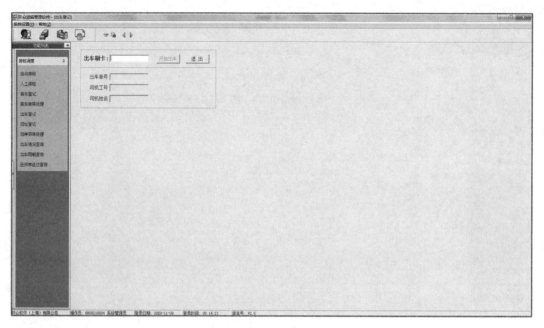

图 7-67　出车登记

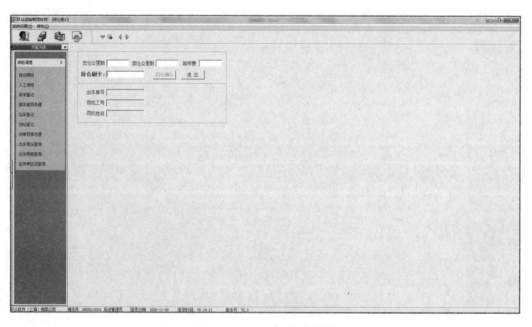

图 7-68　回仓登记界面

【做中学】

1. 假设上一练习中所派车辆已完成配送任务回到物流中心,请对该车辆进行回车登记,总行驶里程为 1 000 公里,用车天数为 2 天,到达日期为当前日。

124

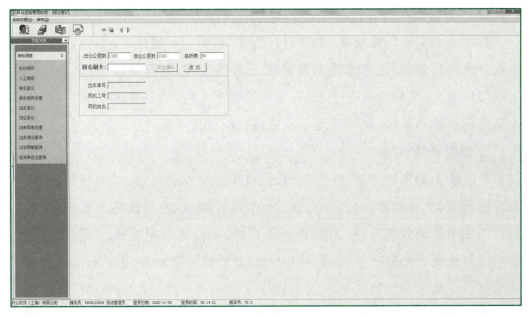

图 7-69　完成回仓登记操作

2. 假设你在当前日驾驶上题中的车辆在回程过程中,到指定的加油站加了 40 升 92 号汽油,总费用为 300 元。请将该车辆的加油信息录入 TMS 系统。

### 7.3.3　运输管理系统应用

广东省某钢铁公司是一个集钢铁制造、物流、工贸为一体的大型国有企业集团。其汽运公司主要承担钢铁企业物资的转运、发运等运输任务。随着钢铁企业产量的提升,汽运公司的运输任务越来越重,传统的管理模式已无法适应钢铁企业发展的需要,表现在:无法跟踪出车任务;无法及时反馈任务完成情况;不能及时了解车辆运行状态;不能及时处理故障车辆;修理待料车辆管理不力;司机、修理工的考核不到位;无法建立一套完整的单车、司机、修理工等考核管理制度。这造成车辆作业效率低下、车辆停修时间过长等问题。

该钢铁企业的汽车运输管理信息系统是一套生产经营与管理相结合的系统。其系统开发主要包括服务器端数据库的建立和维护,以及客户端应用程序的开发。经过分析和比较,决定采用 Delphi+Oracle 的客户/服务器(C/S)架构。Delphi+Oracle 的技术架构完全可支撑未来汽车运输网络系统发展的需要。整个系统包括设备管理系统、运输管理系统、税费管理系统、报表统计管理系统等多个子系统。各子系统功能如下:

### 1. 设备管理系统

它主要由车辆档案管理、车辆运行管理、车辆保养管理、车辆修理管理、轮胎管理及材料管理、汽车修理工及轮胎工考核管理、结算管理、报表查询八大功能模块组成,又分为五个子系统:车队管理子系统、设备管理子系统、修理厂车辆修理管理子系统、轮胎管理子系统及材料管理子系统。

### 2. 运输管理系统

它主要由用车计划管理、调度管理、汽车运输作业管理、加油管理、司机绩效考核管理、结算管理、报表查询管理七大功能模块组成,又分为五个子系统:用户用车申请管理子系统、调度管理子系统、加油管理子系统、车队出车管理子系统及单据审核管理子系统。其中,调度管理子系统是用户用车申请管理子系统和车队出车管理子系统的衔接环节。由用户用车申请管理子系统向调度管理子系统提出用车申请,当调度管理子系统接到用车申请后,可做受理或拒绝受理两种选择。用车申请受理后进入调度管理子系统流程,包括计划排车、出车任务生成、出车任务下达及任务跟踪。调度管理子系统通过出车任务下达把信息传递到车队出车管理子系统。同时,车队出车管理子系统可把车辆状况、当班人员状况及任务执行情况传送给调度管理子系统供调度查询。当车队出车管理子系统确认车辆出车后,出车信息可传送到加油管理子系统。车辆加油后加油信息可传送到车队出车管理子系统及单据审核管理子系统。

### 3. 税费管理系统

它主要由车辆税费牌证管理、司机驾驶证管理、报表查询分析三大功能模块组成。车辆税费牌证管理模块主要用于车辆保险、养路费、车船税等车辆费用管理,系统主要处理费用的输入、审核、归档及交费报警等。司机驾驶证管理模块进行司机驾驶证管理及体检管理,系统记录每位司机的驾驶证情况、驾驶证年审记录(含费用)、换证记录(含费用)、体检情况(含体检费用)。系统可自动检索到期年审或换证情况,对已到期年审或换证进行报警。报表查询分析模块主要功能是对车辆保险、养路费、车船税等车辆费用,司机驾驶证和体检情况的查询分析,以及报表的导入导出。

### 4. 报表统计管理系统

报表统计管理系统主要提供运输经营日报、月报及年报,修理部门经营报表,单车实际成本核算报表,人员绩效考核报表,司机出车补助申报表等。

运输管理系统建成后运行效果显著,已达到规范汽车运输管理,提高汽车运输的整体管理水平,提高运输效率,加大考核管理力度的目的。同时实现了与财务管理系统的连接,为财务管理系统提供数据。运输管理系统使汽车设备管理、汽车运输管理更加科学化,自动化程度更高,达到准确和快速的信息交换和汇总,大大提高了车辆的作业效率,使汽车运输组织管理水平向科学、高效迈进了一步。运输管理系统的投入运行,为汽车运输调度指挥、任务动态跟踪提供准确的信息,为领导层提供汽车运力、成本、考核、单车核算等客观的分析信息。

# 7.4 计算机辅助拣货系统

## 7.4.1 计算机辅助拣货系统概述

计算机辅助拣货系统(computer assisted picking system,CAPS)是采用先进电子技术和通信技术开发而成的物流辅助作业系统,通常使用在现代物流中心货物分拣环节,它是一种无纸化操作的辅助拣货系统,具有效率高、差错率低的作业特点。其系统基本架构如图 7-70 所示。

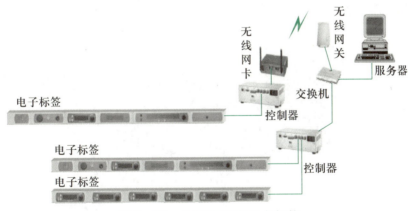

图 7-70 CAPS 系统基本架构

计算机辅助拣货系统(以下简称 CAPS)的工作原理是通过电子标签进行出库品种和数量的指示,从而代替传统的纸质拣货单来进行拣货作业的管理与控制,其系统原理如图 7-71 所示。可以看到,CAPS 的基本连接方式有两种,即通过有线网络连接和有线无线网络相结合的方式,与控制计算机相连接,以达到数据实时传递的效果。

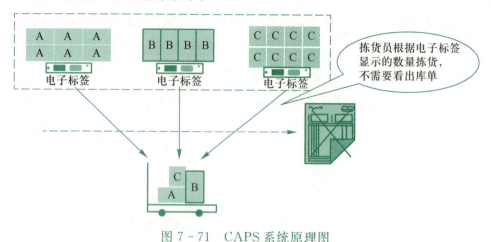

图 7-71　CAPS 系统原理图

按照拣货作业方式的不同 CAPS 可分为两类:

1. 电子摘取式拣货系统(digital picking system,DPS)

摘取式拣货系统的工作过程是:将电子标签安装在货架储位上,原则上一个储位放置一项货品,即一个电子标签代表一项货品,并且以一张订单为一次处理的单位,订单中商品所对应的电子标签在接收到系统指令时会亮灯并显示需拣取的数字,拣货人员依照灯光信号与显示的数字将货品自货架上取出。DPS 拣货动作如图 7-72 所示。

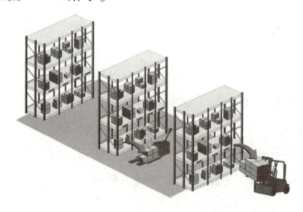

图 7-72　摘取式拣货

2. 电子播种式配货系统(digital assorting system,DAS)

播种式配货系统中每一个电子标签所代表的是一个订单客户或一个配送

对象,即一个电子标签代表一个配送点,每个品项为一次处理的单位。拣货人员先将某项货品的应配送总数取出,并将商品信息输入系统,系统向电子标签发出指令,订购某项货品的客户所对应的电子标签接到系统指令时会亮灯并显示需拣取的数字,配货人员只要依据电子标签的灯光信号与数字显示将货品配给对应的客户即可。DAS拣货动作如图7-73所示。

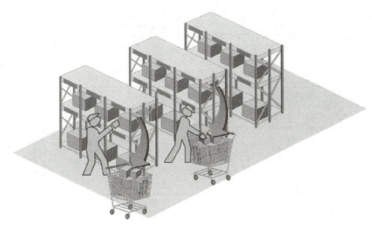

图 7-73 播种式配货

### 7.4.2 计算机辅助拣货系统操作

1. 摘取式拣货操作

(1) 设备初始化。

① 打开控制器电源。

② 设备自检。设备自检时所有标签全部亮起,确保标签可用,如图7-74所示。

③ 完成初始化。

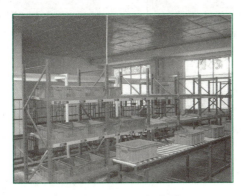

图 7-74 设备自检

（2）接收订单，导入相关数据。启动数据导入程序，界面如图 7-75 所示，依次点击"导入客户信息""导入订单数据"，完成数据导入工作。

图 7-75 导入数据

（3）设备操作。

① 客户指示灯显示客户代码，如图 7-76 所示。根据客户代码给物流箱贴上标签，如图 7-77 所示。

图 7-76 客户指示灯

图 7-77 物流箱标签

② 根据电子标签显示数字拣取货品，操作过程应遵守先取货后按灭标签灯的顺序进行，如图 7-78 所示。然后将货品放置到相应物流箱中。

③ 按确认键，电子标签显示灯熄灭，如图 7-79 所示。

④ 重复上述步骤①～③，当该客户所有货品拣完后，蜂鸣器鸣叫，指示灯亮起，如图 7-80 所示。

⑤ 将该客户的货品送到复核/合流区域指定位置。

⑥ 客户指示灯自动显示下一客户代码,重复②～⑤步骤。

图 7-78 取货

图 7-79 确认

2. 播种式拣货操作

(1) 设备初始化。

① 打开控制器电源。

② 设备自检。设备自检时所有标签全部亮起,确保标签可用,如图 7-81 所示。

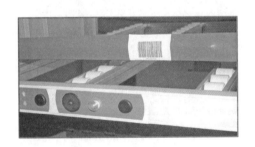

图 7-80 拣货完成

图 7-81 设备自检

③ 完成初始化。

(2) 接收客户订单后,导入相关数据。启动数据导入程序,界面如图 7-82所示,依次点击"导入商品数据""导入播种数据",完成数据导入工作。

(3) 设备操作。

① 拣取货品总量。

② 使用 DAS 配套扫描器扫描货品条码,如图 7-83 所示,总量显示器显示该商品需配送的总量。

③ 拣货人员根据配送总量数字拣取货品。

图 7-82　导入数据

④ 拣货人员根据各客户对应的电子标签显示的数字分配货品,作业过程如图 7-84 所示。

图 7-83　扫描条码

图 7-84　分配货品

⑤ 按下确认键,电子标签显示灯熄灭。

⑥ 当对所有客户都分配完货品后,通道蜂鸣器鸣叫,如图 7-85 所示,按下确认键。

⑦ 对下一货品进行类似操作,重复步骤②～⑥。

⑧ 当所有商品分配完成后,总量显示器显示通道总量与货品总量,如图 7-86所示。

⑨ 各客户电子标签显示客户货品总量,根据该数字核对客户商品数量是否正确。

⑩ 将核对正确的客户货品运送到出货合流区域。

图7-85 货物分配完成

图7-86 显示总量

**【做中学】**

某物流中心为50家客户提供物流配送服务,货品品种20种,根据ABC分类法分析可知,其中8种货品需要进行电子播种式配货,其他货品适合进行电子摘取式拣货,请先说出操作步骤,然后模拟进行实际操作。

### 7.4.3 计算机辅助拣货系统应用

北京某物流公司是为满足国内物流服务需要而建立的一家专门从事物流货运业务的股份制企业。现已成为一家组织健全、经验丰富、设施完善、具有较大影响力的专业化、信息化、综合型物流企业。

随着对物流作业的"拆零"需求越来越强烈,从事拣货、拆零作业的操作人员已占整个配送中心操作人员的80%;商品订货的多品种、小批量化,使得配货作业人手不足的矛盾非常突出。如何提高这一物流环节的作业效率,已成为配送中心机械化、自动化的研究重点。

该公司引入电子标签拣货系统后,只要把客户的订单信息输入操作台上的计算机,存放各种商品的货架上的货位指示灯和品种显示器,会立刻显示拣选商品在货架上的具体位置(即货格)及所需数量,作业人员便可从货架里取出商品,放入传送带上的周转箱,然后按下按钮,货位指示灯和品种显示器熄灭,配齐订单商品的周转箱由传送带送入自动分拣系统。电子标签拣货系统自动引导拣货员进行拣货作业。操作人员不需经特别训练,即可上岗作业,从而大大提高了拣货速度,减轻了作业强度,而且使差错率大幅下降。同时,可以对每一名员工的作业情况进行统计,实时监测员工的工作效率。

由此可看出,电子标签拣货系统是由装置于货架上的信号转换器、完成器、电子标签、订单显示器、现场操作计算机和服务器端等一系列设备构成的网络化计算机辅助拣货系统。公司采用电子标签拣货系统具有以下一系列优势：

（1）无纸化作业。无须打印出/入库以及盘点单，出/入库以及盘点信息通过中央计算机直接传输到对应的电子标签，做出相应的显示。

（2）提高拣货速度和效率，降低拣货差错率。电子标签可将作业简化为"看、拣、按"三个简单的动作，节省人员寻找货物存放位置花费的时间。

（3）对作业人员的走动路线进行最优设计，使之距离最短。

（4）可动态监视操作过程，实时显示货品出入库数据，显示员工的操作进展情况。

（5）提升出货配送物流效率，由于可将作业的差错率降到最低，因此可以成倍地提高工作效率。

（6）降低作业成本。

统计资料显示，在物流中心使用电子标签系统可以加快拣货速度（速度提高 30%～50%），降低拣货错误率（99.98% 的正确率），免除纸质表单的使用（提高工作效率 50% 以上），人员训练容易且标准化（培训只需很短时间），促进管理水平升级，使用后业绩提高 40%。

# 7.5　无线射频信息系统

## 7.5.1　无线射频信息系统概述

无线射频（radio frequency，RF）数据通信技术是以无线信道作为传输媒体，建网迅速，通信灵活，可以为用户提供快捷、方便、实时的网络连接，是实现移动通信的关键技术之一，已成为仓储和配送环节的良好解决方案。

RF 信息系统的硬件主要由 RF 无线数据采集器（无线终端）、无线网关（access point，AP）及计算机服务器构成。RF 无线数据采集器既具有无线通信功能，又具有数据采集功能。在物流中心内部，承担无线网络通信功能的网络存取点和主机之间通过有线网络方式连接，多台 AP 安装于物流中心各个固定位置,AP 之间协调工作,对整个物流中心实施信号覆盖,保证无线网络系统的可靠性。工作人员通过 RF 无线终端输入各种操作命令并扫描条码,经 AP 接收后传送给主机,主机处理完请求后将结果数据返回给 RF 无线终端。RF 信息系统硬件架构如图 7-87 所示。

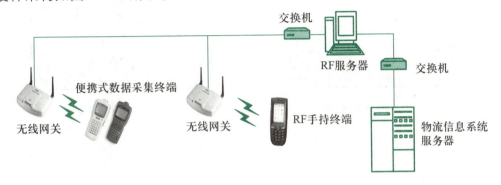

图 7-87 RF 信息系统硬件架构

## 7.5.2 无线射频信息系统操作

无线数据采集器(RF 手持终端)外观如图 7-88 所示。

1. RF 验收

(1) 开机后选择"验收模式",进入入库验收模块,如图 7-89 所示。

图 7-88 RF 手持终端

图 7-89 RF 验收模式

(2) 进入入库验收模块后,系统自动生成验收单号,输入采购单号,如图 7-90所示。

(3) 使用手持终端自带的扫描功能扫描商品条码后,操作界面自动显示

135

该条码信息,如图7-91所示。

图 7-90　输入采购单号

图 7-91　扫描显示

（4）根据验收商品的物理属性,输入验收数量和生产日期,操作界面如图7-92所示。

（5）在手持终端上按下"回车"按钮,显示"保存数据成功",如图 7-93所示。

图 7-92　输入验收数量和生产日期

图 7-93　保存数据成功

2. RF 入库

（1）开机后进入系统,选择"入库模式",如图 7-94 所示。

（2）按照软件操作要求,扫描商品条码,并录入商品数量和生产日期,如图 7-95 所示。

（3）将货品搬运到对应的上架储位时,使用手持终端扫描对应储位编号,如图 7-96 所示,扫描成功后系统自动保存该条记录。

3. RF 整仓

（1）到取货储位上拣取商品后,进入 RF 系统的整仓模式,如图 7-97

所示。

图 7-94 RF 入库模式

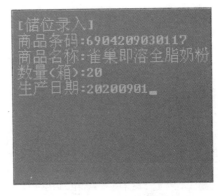

图 7-95 入库录入

图 7-96 扫描储位编号

图 7-97 RF 整仓模式

(2) 使用 RF 手持终端扫描取货储位编号,如图 7-98 所示。

(3) 将货品搬运到目标储位后,完成上架作业。使用 RF 手持终端扫描目标储位条码、输入整仓数量,如图 7-99 所示。

(4) 保存数据,操作完毕后按下 RF 手持终端的"回车"按钮,系统提示"保存数据成功",如图7-100 所示。

4. RF 盘点

(1) 登录 RF 操作系统,选择"盘点模式"。

(2) 进入盘点模式后,按系统提示输入盘点单号,如图 7-101 所示。

(3) 按照盘点单的要求输入储位编号,按"回车"按钮后,操作界面即会显示该储位上的商品信息,如图 7 - 102 所示。

图 7-98　扫描取货储位编号

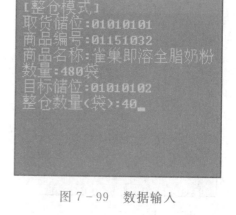

图 7-99　数据输入

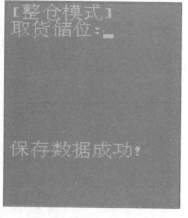

图 7-100　保存数据成功

图 7-101　输入盘点单号

(4) 根据盘点的要求,检查该储位对应的实物货品信息,按照实际状态输入货品数量和生产日期,操作界面如图 7 - 103 所示。

图 7-102　显示商品信息

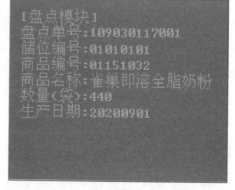

图 7-103　输入货品数量和生产日期

（5）按下"回车"按钮,系统提示"保存数据成功",如图 7 - 104 所示,则此储位货品盘点完毕。

5. RF 储位查询

(1) 登录 RF 操作系统,选择储位查询功能。

(2) 输入储位编码(也可扫描储位编码),即可查询储位库存信息,查询结果如图 7 - 105 所示。

图 7 - 104　保存数据成功

图 7 - 105　储位查询结果

6. RF 商品储位查询

(1) 登录 RF 操作系统,系统界面如图 7 - 106 所示,选择商品储位查询功能。

(2) 输入或扫描商品条码,如图 7 - 107 所示,系统会自动显示该商品所在的储位、数量及生产日期,如图 7 - 108 所示。

图 7 - 106　选择商品储位查询

图 7 - 107　输入商品条码

图 7-108 商品储位查询结果

**【做中学】**

1. ××物流中心向雀巢公司发送了货品需求信息,订购的货品为雀巢高蛋白奶米粉,数量为 20 箱,采购单号为×××。清晨,雀巢公司的货车前来送货,并卸货完毕。若你是验收员,请你用 RF 手持终端完成验收工作。

2. 雀巢高蛋白奶米粉已验收完毕,并放置于进货暂存区。目前库内重型货架区 A 储位为空,请你将货品放入储位,并向 RF 信息系统录入货品入库信息。

3. 次日,仓管员巡视仓库,整理储位,计划把储位 C 上的 2 箱雀巢高蛋白奶米粉整仓至储位 D 上。若你是仓管员,请你用 RF 手持终端完成整仓作业。

4. 月末例行盘点,你负责盘点 A,B,C,D,E,F,G,H 8 个储位上的货品。请使用 RF 信息系统进行盘点。

5. 仓管员在放置雀巢咖啡的 A 储位上发现了一箱雀巢高蛋白奶米粉(条码××),但是他不记得奶米粉的正确储位是哪一个,在这种情况下,他应该怎么办?

6. 把上题中的那一箱雀巢高蛋白奶米粉放到正确的储位上后,仓管员发现目前该储位上有 16 箱货品,但仓管员记得日前上架的数量是 20 箱,究竟是自己记忆错误,还是货品昨日已经出库了? 若你是仓管员,请确认商品储位信息。

### 7.5.3 无线射频信息系统应用

自从 1995 年进入中国之后,安利在 31 个省、市、自治区开设了 200 多家店铺。距离广州总部最远的一个店铺在新疆库尔勒。在交通运输始终是国内物流瓶颈的大背景下,这么多的店铺,这么远的距离,对安利储运系统构成了极大的挑战。另外,日化用品在中国面临的一大难题就是销售地域广阔,网点分布零散,各地的物流设施水平参差不齐,而市场的变化又较快,因此,如何有效管理物流运作成了每个企业面临的问题。

安利物流中心通过分区管理、货位管理、补货与出货管理、配送管理等环节安排,控制着原料的流入与产品的流出,在最短的时间内实现全国性的统筹规划。无论是原材料的采购、生产的安排,还是对全国 21 个外仓的库存控制和对全国 200 多家店铺的补货配货,对库存状况的实时了解都是难点所在。

2004 年 10 月,安利开始起用无线射频(RF)信息系统,通过 RF 终端设备,计算机信息系统的部分功能可以实现移动操作。RF 终端与计算机系统之间通过无线通道实现数据传输,实现信息的即时采集。至此,安利的物流管理揭开了改革的序幕。

未使用无线射频信息系统之前,仓库与库存的工作一直处于相对被动的状态。早上上班开始,库存组的工作人员就开始等待仓库前一天的收货情况报告,库存组把这些报告数据输入系统。然后,库存组将这些数据作为配货依据,制作出货订单。运输组拿到出货订单后进行车辆分配。仓库是出货订单运转的最后一环,只有运输任务下派之后才可进行出货准备,而这种等待有时会持续到下午三点。然后,所有的出货订单一次性送到,对于数量有限的拣货人员而言,即使竭尽所能用最短的时间完成任务,仍然会面临出货口的车辆已经在等待,而拣货人员还在货架之间穿梭取货的情形。

现在,在库存组还在处理订单时就已经知道当天要发什么货,拣货人员开始着手备货,等订单审批完成,用打印机打印出来,再一一检查所备货物是否正确。车辆到了就可以提货,整个流程变得流畅顺利。而且取货的准确程度也提高了,如果拣选错误,RF 系统会给出提示。因为 RF 系统的使用,仓库人员的工作变得非常主动,可以有计划地把每天的工作安排好。当仓库人员手执 RF 终端在货架之间穿梭取货的时候,库存管理系统就已经接收到这些数据,同时相连的几个系统也都可以从系统平台上读取这些数据,完全实现数据的实时采集。

起用 RF 信息系统后,安利物流中心的收货流程是这样的:从生产线下来的产品经检查合格发整车到物流中心,在发车之前,物流中心仓库组就已经收到订单号。看到订单号,仓库组就已经知道这车货的详细情况,并开始安排储位。等货物到仓库时仓库组只需按一下"输入"键,系统就可以收到相关数据,库存系统和全国的仓库数据也即时发生变化。在不懈努力下,信息系统完全实现了实时数据交换,决策部门可以随时掌握最新数据,做出相对准确的决策。

本章介绍了物流信息系统的特点,仓储管理系统的概念、操作及应用,运输管理系统的概念、操作及应用,计算机辅助拣货系统的概念、操作及应用,无线射频信息系统的概念、操作及应用。

1. 物流信息系统有哪些特点?

2. WMS 的系统功能模块有哪些?

3. TMS 的系统功能模块有哪些?

4. CAPS 的作业步骤有哪些? CAPS 可在哪两种拣货方式下应用?

5. 试描述 RF 信息系统的功能模块有哪些。

# 参考书目

[1] 黄有方.物流信息系统[M].北京:高等教育出版社,2010.

[2] 刘小卉.物流管理信息系统[M].上海:复旦大学出版社,2008.

[3] 张成海,张铎,张志强.条码技术与应用[M].北京:清华大学出版社,2010.

[4] 庞明.物联网条码技术与射频识别技术[M].北京:中国物资出版社,2011.

[5] 姜方桃,邱小平.物流信息系统[M].西安:西安电子科技大学出版社,2019.

[6] 李波,王谦,丁丽芳.物流信息系统[M].2 版.北京:清华大学出版社,2019.

[7] 张云.北斗卫星系统的定位技术及船舶导航应用[M].上海:上海科学技术出版社,2019.

[8] 李汉卿,姜彩良.大数据时代的智慧物流[M].北京:人民交通出版社,2018.

[9] 金跃跃,刘昌祺,刘康.现代化智能物流装备与技术[M].北京:化学工业出版社,2020.

## 郑重声明

高等教育出版社依法对本书享有专有出版权。任何未经许可的复制、销售行为均违反《中华人民共和国著作权法》，其行为人将承担相应的民事责任和行政责任；构成犯罪的，将被依法追究刑事责任。为了维护市场秩序，保护读者的合法权益，避免读者误用盗版书造成不良后果，我社将配合行政执法部门和司法机关对违法犯罪的单位和个人进行严厉打击。社会各界人士如发现上述侵权行为，希望及时举报，本社将奖励举报有功人员。

反盗版举报电话　（010）58581999　58582371　58582488
反盗版举报传真　（010）82086060
反盗版举报邮箱　dd@hep.com.cn
通信地址　北京市西城区德外大街 4 号
　　　　　　高等教育出版社法律事务与版权管理部
邮政编码　100120

防伪查询说明

用户购书后刮开封底防伪涂层，利用手机微信等软件扫描二维码，会跳转至防伪查询网页，获得所购图书详细信息。也可将防伪二维码下的 20 位密码按从左到右、从上到下的顺序发送短信至 106695881280，免费查询所购图书真伪。

反盗版短信举报

编辑短信"JB，图书名称，出版社，购买地点"发送至 10669588128

防伪客服电话

（010）58582300

学习卡账号使用说明

一、注册/登录

访问 http://abook.hep.com.cn/sve，点击"注册"，在注册页面输入用户名、密码及常用的邮箱进行注册。已注册的用户直接输入用户名和密码登录即可进入"我的课程"页面。

二、课程绑定

点击"我的课程"页面右上方"绑定课程"，正确输入教材封底防伪标签上的 20 位密码，点击"确定"完成课程绑定。

三、访问课程

在"正在学习"列表中选择已绑定的课程，点击"进入课程"即可浏览或下载与本书配套的课程资源。刚绑定的课程请在"申请学习"列表中选择相应课程并点击"进入课程"。

如有账号问题，请发邮件至：4a_admin_zz@pub.hep.cn。